陈其泰 著

中华优秀传统文化何以通向马克思主义

中国出版集团
研究出版社

图书在版编目（CIP）数据

中华优秀传统文化何以通向马克思主义 / 陈其泰著 . -- 北京 : 研究出版社，2023.1

ISBN 978-7-5199-1354-0

Ⅰ.①中… Ⅱ.①陈… Ⅲ.①中华文化—关系—马克思主义—发展—研究—中国 Ⅳ.① K203 ② D61

中国版本图书馆 CIP 数据核字 (2022) 第 190360 号

出 品 人：赵卜慧
出版统筹：张高里　丁　波
责任编辑：安玉霞

中华优秀传统文化何以通向马克思主义

ZHONGHUA YOUXIU CHUANTONG WENHUA HEYI TONGXIANG MAKESI ZHUYI

陈其泰　著

研究出版社 出版发行

（100006　北京市东城区灯市口大街 100 号华腾商务楼）

北京中科印刷有限公司印刷　新华书店经销

2023 年 1 月第 1 版　2023 年 4 月第 2 次印刷

开本：880 毫米 ×1230 毫米　1/32　印张：6.75

字数：82 千字

ISBN 978-7-5199-1354-0　定价：59 元

电话（010）64217619　64217652（发行部）

版权所有·侵权必究

凡购买本社图书，如有印制质量问题，我社负责调换。

前　言

本书讲述的主要内容是：中华优秀传统文化与马克思主义相贯通的内在逻辑；优秀传统文化的魅力和特性；为了大力弘扬传统文化所应具有的使命情怀。

五千多年中华文明走过了恢宏壮阔、腾挪跌宕的道路，在古代绽放了光华璀璨之花，又在近现代滋养了中华儿女谱写出新的历史篇章。自从20世纪初马克思主义传入中国，中国共产党人即根据"马克思主义中国化"的方针，结合中国实际制定了一系列正确的路线、策略，其中重要的一点即是结合中国文化传统、做到具有中国作风中国气派，因而引导革命事业不断取得胜利。2021年11月中共十九届六中全会的召开是一个重要的里程碑,这次会议通过的《中共中央关于党的百年奋斗重大成就和历史经验的决议》(以下简称《决议》)标志着"马克思主义中国化的新飞跃"。《决议》强调"把马克思主义普遍真理与中国实际相结合、与中华优秀传统文化相结合",这一新概括是在总结中国共产党百年奋斗历史经验的基础上取得的重大理论成就,表明全党工作必须把发掘传统文化精华、将之与马克思主义相结合,放在指导夺取新胜利的重要地位,放在发扬中国精神中国智慧、激发全体人民的社会主义伟大创造力的重要地位。

"两个结合"这一重要概括,为学术文化界提出了新课题,开拓了新视野。我们面临的重要任务,就是要通过创造性阐释,系统深入而又亲切有味地讲明白以下核心问题:马克思主义是马克思、恩格斯在大工业时代的欧洲创立的,而它继承的是全人类优秀文化遗产,因此这一学说本身就具有为东方被压迫民族

前　言

接受的理论品格，中国传统学术的精华——唯物主义思想资料、辩证发展的观点和反抗压迫精神、大同思想，正与马克思主义唯物论、辩证法、阶级斗争学说和共产主义理想相贯通相契合。由于此，在20世纪初一批饱受优秀传统文化熏陶的青年志士一经阅读到刚刚传入的马恩著作，便心悦诚服、义无反顾走上革命道路，运用马克思主义确定行动指南，因而引导中国革命事业破浪前进。我们重温中国传统经典中的精警内容，体味其何以与马克思主义革命学说相呼应、相贯通，就能深刻理解马克思主义中国化能够实现三次新飞跃的深刻根由，更加坚定对马克思主义的信仰，确立文化自信，树立使命担当精神，全力以赴地将中华民族复兴的伟业向前推进。

习近平总书记强调，"要努力展示中华文化独特魅力"；"把超越时空、跨越国度、富有永久魅力、具有当代价值的文化精神弘扬起来"；"要系统梳理传统文化资源，让收藏在禁宫里的文物、陈列在广阔大地上的遗产、书写在古籍里的文字都活起来"①。我们应站在新的时代高度,大力阐释古代优秀文化中蕴含的中国精神、中国智慧,展现其具有的当代价值。本书围绕上述核心问题,又择要论述了"展现传统文化独特魅力的新视角""史学经典与中华民族文化基因的锻造""传统文化向近代文化转变的内在动力"三项,运用创新思维,提纲挈领进行讲述。展现中国史学的长期连续发展,中华文化无与伦比的久远生命力与民族文化基因长期锻造、提升二者的关系,中国古代史学中的进步性、民主性、科学性精华是其向近代史学转变的内在动力,从这些富有学术价值的领域,发掘新材料,提出新认识。冀望广大读者对此产生阅读的兴味,并借此进一步增强民族自豪感自信心。愿弘扬传统文化的努力结出累累硕果,助力中华民族复兴的伟业再创新的辉煌!

---

① 《建设社会主义文化强国　着力提高国家文化软实力》,《人民日报》2014年1月1日第1版。

目 录

一、凝聚新时代中国精神、中国智慧的理论指针　/001

二、中华优秀传统文化与马克思主义相契合的内在
　　逻辑　/011

　　（一）中华优秀传统文化是中国人接受马克思主义的
　　　　　思想基础和桥梁　/ 013

　　（二）唯物主义的思想资料与马克思主义唯物论相
　　　　　契合　/ 016

　　（三）辩证、发展的观点与马克思主义辩证法相
　　　　　契合　/ 036

　　（四）反抗压迫的精神和大同思想与马克思主义对理
　　　　　想社会的追求相契合　/ 059

　　（五）对于推进理论认识的意义　/ 073

三、展现中华文化独特魅力的新视角 /081

 （一）深入发掘古代史学著作所蕴含的深刻哲理和高度智慧 / 085

 （二）体裁发展的动力源于史家创造精神 / 094

 （三）时代剧变推动历史编纂的新创造 / 101

四、史学经典与中华民族文化基因的锻造 /109

 （一）俯察众流 抓住关键 / 111

 （二）司马迁著史的时代机遇 / 115

 （三）《史记》对锻造中华民族文化基因的非凡贡献 / 125

五、传统文化向近代文化转变的内在动力 /165

 （一）中介：传统中孕育的近代因素及其发扬 / 167

 （二）批判专制 憧憬民主 / 171

 （三）朴素的历史进化观 / 178

 （四）历史编纂中生命力的显示 / 186

 （五）考史方法中科学因素的发扬 / 190

六、结语 /197

跋 /203

一

凝聚新时代
中国精神、中国智慧
的理论指针

马克思主义这一产生于欧洲资本主义发展时期的理论，为何能远渡重洋，在20世纪的中国大地上生根，成为引起伟大历史变革的行动指南？马克思主义基本理论能与中国国情紧密结合，产生三次具有深远意义的新飞跃，究竟存在什么样的深刻逻辑力量？当前党中央总结出"马克思主义基本原理同中国具体实际相结合、同中华优秀传统文化相结合"的时代主题，从文化层面而言，其内在的联系和中介又是什么？显然，对这些问题拿出有充分根据的答案，不仅能更加雄辩地证明为什么当年在苦难中奋斗的中国人选择了马克思主义，也必定能够大大地推进对当前"马克思主义中国化之新飞跃"这一时代主题的丰富内涵、时代意义和深远影响的认识，引导社会科学研究提升创新水平、推动现实前进。

中国共产党百年奋斗历程向我们昭示：马克思主义中国化是党领导人民大众克敌制胜，制定符合中国国情的一系列正确理论、路线和方针的法宝。毛泽东思想科学体系和中国特色社会主义思想体系的形成，是全世界社会主义发展史上的理论突破，实现了马克思主义中国化的两次飞跃，由此向全人类展现了马克思主义中国化这一伟大工程所具有的蓬勃兴旺的生命力。当今中国正处于新的历史关口，庆祝建党100周年活动和党的十九届六中全会决议十分适时地发出了新时代新征程的召唤，十九届六中全会审议通过的《决议》做出了最新的具有高度科学价值和深远历史意义的新概括：习近平新

一、凝聚新时代中国精神、中国智慧的理论指针

时代中国社会主义思想"实现了马克思主义中国化的新的飞跃",其最重要的理论品格是"把马克思主义基本原理同中国具体实际相结合、同中国优秀传统文化相结合",因而"是当代中国马克思主义、二十一世纪马克思主义,是中华文化和中国精神的时代精华"。马克思主义中国化之新飞跃,将为实现社会主义现代化和中华民族伟大复兴提供理论、思想和方针的保证,推动中国政治、经济、社会各个方面的宏伟事业大踏步向前发展。同时,马克思主义中国化之新飞跃开启的新时代新征程,也为学术研究开拓了新领域,预示着学术文化事业必将迎来更加辉煌的前景!

要将"马克思主义基本原理同中国具体实际相结合、同中国优秀传统文化相结合"这一时代主题卓有成效地贯彻于学术领域,推动研究工作出现蓬勃奋进的新局面,我们所面临的任务的确十分艰巨。然而,马克思说得好:"人类始终只提出自

中华优秀传统文化何以通向马克思主义

己能够解决的任务,因为只要仔细考察就可以发现,任务本身,只有在解决它的物质条件已经存在或者至少是在生成过程中的时候,才会产生。"①从学理层面讲,党的十九届六中全会作出的新总结、新概括,为研究者树立了学术研究中实现继承性和创新性、民族性和时代性结合的典范。"两个结合"这一精当的新概括,正是新时代中国精神和时代智慧的精华,而同时,我们又能深刻地体会到其与以"实事求是""马克思主义基本原理与中国具体实际相结合"为精髓的毛泽东思想基本特征的继承、发展关系。毛泽东思想以"实事求是""马克思主义基本原理与中国具体实际相结合"为理论精髓,是党领导人民在艰苦卓绝的斗争中,特别是在总结以王明为代表的"左"倾路线的教训中形成的,而"左"倾路线的危害是不结合中国的现实和

---

① 马克思:《〈政治经济学批判〉序言》,《马克思恩格斯选集》第二卷,人民出版社 1995 年版,第 33 页。

一、凝聚新时代中国精神、中国智慧的理论指针

历史,只会背诵马恩著作的只言片语,凭主观主义、教条主义一套发号施令,结果对革命事业造成严重危害。正因如此,毛泽东同志谆谆告诫全党,必须实事求是,眼睛向下,切实了解中国的实际,同时,必须认真学习历史,重视和了解我国灿烂的古代文化,提出重要的论断。1938年,当中国面临日寇疯狂侵略、局势复杂严峻时,他将学习马克思主义理论、研究社会现状和学习历史一同作为党的三大任务,指出:"我们这个民族有数千年的历史,有它的特点,有它的许多珍贵品质。对于这些,我们还是小学生。今天的中国是历史的中国的一个发展;我们是马克思主义的历史主义者,我们不应当割断历史。从孔夫子到孙中山,我们应当给以总结,承继这一份珍贵的遗产。这对于指导当前的伟大的运动,是有重要的帮助的。"①1940年,他高度

---

① 毛泽东:《中国共产党在民族战争中的地位》,《毛泽东选集》第二卷,人民出版社1991年版,第533—534页。

中华优秀传统文化何以通向马克思主义

评价中国传统文化的成就,指出:"中国的长期封建社会中,创造了灿烂的古代文化。清理古代文化的发展过程,剔除其封建性的糟粕,吸收其民主性的精华,是发展民族新文化提高民族自信心的必要条件。"①并且强调实现马克思主义中国化的必具风格,"使之在其每一表现中带着必须有的中国的特性,即是说……代之以新鲜活泼的、为中国老百姓所喜闻乐见的中国作风和中国气派"②。由此我们能够深切体会到,作为毛泽东思想之基本特征的马克思主义基本原理,不仅应当与中国实际相结合,也应当与重视历史遗产、吸收古代文化的灿烂成就和发扬优良文化传统相结合。"与中华优秀传统文化相结合"这一主题在当时也已经涉及,只是由于时代所限制而未展开阐发。如今,八十多年过去

---

① 毛泽东:《新民主主义论》,《毛泽东选集》第二卷,第707—708页。
② 毛泽东:《中国共产党在民族战争中的地位》,《毛泽东选集》第二卷,第534页。

一、凝聚新时代中国精神、中国智慧的理论指针

了,马克思主义中国化又积累了更多丰富而深刻的经验,特别是党的十八大以来,中国特色社会主义进入了新时代,马克思主义中国化实现了新飞跃,《决议》所概括的"把马克思主义基本原理同中国实际相结合、同中华优秀传统文化相结合"的宏伟纲领于是应运而生。这是八十多年来党领导人民进行的艰苦卓绝的伟大斗争在理论上的结晶,是民族复兴伟业取得节节胜利,因而确立"文化自信"的展示,是凝聚新时代中国精神、中国智慧的理论指针。

这一新概括也为学术研究提出了新任务,注入了新活力,我们倍感精神振奋、任务艰巨。在新时代、新征程中,按照《决议》的精神,贯通把握历史、现在、未来,对五千多年中华文明的演进和规律做深入探讨,对丰富的古代名著的精湛内容和深刻哲理进行发掘、总结,对中华文化的伟大创造力和特质进行阐释。发挥上述各项对治国理政、增强

中华民族凝聚力、坚定文化自信和提高社会主义文化创造力的当代价值,这是意义何等重大的世纪文化盛事。

二

中华优秀传统文化与马克思主义相契合的内在逻辑

（一）中华优秀传统文化是中国人接受马克思主义的思想基础和桥梁

马克思和恩格斯创立的唯物史观一经传入中国，就以迅猛的速度广泛传播，并在中国土地上扎下根来，在指导革命运动方面产生了以毛泽东思想为代表的科学思想体系，在学术思想方面形成了指导历史研究的中国马克思主义史学理论。经过一个世纪国内外极其复杂的斗争环境的考验，中国的马克思主义政治理论和史学理论依然充满活力，并得到进一步丰富和发展。究其原因，一方面，中国社会的政治生活变革的实践证明，灾难深重的中华民族必须以马克思主义的科学理论为指导，才能找到解救危亡的正确道路；另一方面，中国传统思想中长期形成和发展的优良因素，成为先进的中国人顺利接受唯物史观的思想基础和内在动力。

马克思主义并不是凭空产生的，正如列宁所指出的，它是继承全人类一切优秀文化成果的产物。列宁说："它绝不是离开世界文明发展大道而产生的褊狭顽固的学说。恰恰相反，马克思的全部天才正在于他回答了人类先进思想提出的种种问题。它的学说的产生正是哲学、政治经济学和社会主义的最伟大代表的学说的直接继续。"[①] "马克思主义这一革命无产阶级的思想体系赢得了世界历史性的意义，是因为它没有抛弃资产阶级时代最宝贵的成

---

① 列宁：《马克思主义的三个来源和三个组成部分》，《列宁选集》第2卷，人民出版社1995年版，第309页。

二、中华优秀传统文化与马克思主义相契合的内在逻辑

就,相反地却吸收和改造了两千多年来人类思想和文化发展中一切有价值的东西。"①

尽管马克思和恩格斯主要是批判地继承欧洲唯物主义哲学和辩证法思想、古典政治经济学以及空想社会主义学说而创立了马克思主义理论,但是人类优秀文化思想的发展必然地具有共同的规律,遵循着共同的发展道路。马克思主义的光辉价值正在于"回答了人类先进思想提出的种种问题",马克思主义"就是共产主义从全部人类知识中产生出来的典范"。中国传统思想中的精华,同样表达了历代人民大众的美好追求和理想。这些思想和学说虽然未达到欧洲18世纪先进学说的高度,但与其发展方向是相同的,其中所包括的命题也往往与其相同或相似,因而中国传统文化中的优秀遗产是同唯物史观基本原理相通的,这就成为五四以后先进的

---

① 列宁:《论无产阶级文化》,《列宁选集》第4卷,人民出版社1995年版,第299页。

中国人接受这一科学理论的思想基础和桥梁。当前我们正处于新时代、新征程,《决议》中提出的"两个结合",习近平总书记强调的要"把跨越时空、超越国度、富有永恒魅力、具有当代价值的文化精神弘扬起来"[①],就是当今时代主题,努力发掘、总结中华文化的优良遗产,是意义重大而又十分迫切的任务。以下即举其大纲,从"唯物主义思想资料""辩证、发展的观点""反抗压迫的精神和大同思想"三大项做简要的论述。

(二)唯物主义的思想资料与马克思主义唯物论相契合

唯物史观的哲学基础是承认客观世界中物质第一性,起决定的作用,精神第二性,是被决定的;物质的产生、发展、变化有其不以人的意志为转移

---

① 习近平在中央政治局第十二次集体学习上的讲话,《人民日报》2013年12月31日。

二、中华优秀传统文化与马克思主义相契合的内在逻辑

的客观规律，同样地，社会现象、制度、法律等也有其自身的因果递嬗关系；历史变化的规律存在于历史事件和制度、法律等的变化之中，人通过分析、研究将规律总结出来，而不是颠倒过来，由某种神秘的"精神"去演绎出历史的进程；客观事物是可以认识的，"不可知论""神秘主义"都是毫无根据的，认识的基础是实践，人要认识社会，就要参加变革社会的实践活动；不是人的意识决定社会存在，而是社会存在决定人的意识。唯物史观与以往企图以神的意志、天命观解释人类历史进程，或是以个别英雄人物的意志解释历史等形形色色的观点相对立，它是要从人类物质生产的基础解释历史的进程，从生产力与生产关系组成的社会结构来解释全部上层建筑和意识形态的变迁。恩格斯在《社会主义从空想到科学的发展》中明确提出了"唯物主义的历史观"。他说："唯心主义从它的最后的避难所中即历史观中被驱逐出去了，一种唯物

主义的历史观被提出来了。"在该书的《1892年英文版序言》中，恩格斯指出，"本书所捍卫的是我们称之为'历史唯物主义'的东西"。他还说，不仅在英语中使用"历史唯物主义"这一名词，而且在其他语言中也都用它来表达这一种关于历史过程的观点。"这种观点认为一切重要历史事件的终极原因和伟大动力是社会经济发展，是生产方式和交换方式的改变，是由此产生的社会之划分为不同的阶级，是这些阶级彼此间的斗争。"中国早期传播唯物史观的代表人物李大钊在其文章中就着重介绍了唯物史观的基本原理："喻之建筑，社会亦有基础与上层，基础是经济的结构，即经济关系，马氏（马克思）称之为物质的或人类的社会的存在。上层是法制、政治、宗教、艺术、哲学等，马氏称之为观念的形态，或人类的意识。从来的历史家单欲从上层上说明社会的变革即历史，而不顾基础，那样的方法，不能真正理解历史。上层的变革，全靠

二、中华优秀传统文化与马克思主义相契合的内在逻辑

经济基础的变动,故历史非从经济关系上说明不可。这是马氏历史观的大体。"①

拿上述唯物史观的基本命题(物质是第一性的命题,历史进程的规律性存在于历史事件的内在联系之中,而不是神意或英雄人物的意志主宰历史的进程,物质生产即经济的因素是决定历史进程最主要的基础等)与中国传统思想相对照,即可发现:中国历代进步思想家通过观察自然和社会变迁,在诸多基本观点上有相类似的认识,毫无疑问,这些认识就构成了20世纪中国先进的知识分子接受唯物史观的基础。

中国古代朴素唯物主义认为天地是由阴阳二气构成的,阴阳二气的运动造成自然界的变化。至迟到西周末年,阴阳已被视为宇宙的原始物质或力量。周幽王二年(公元前780),发生地震。周贵族

---

① 李大钊:《马克思的历史哲学与理恺尔的历史哲学》,《李大钊选集》,河北人民出版社1984年版,第132页。

伯阳父说:"周将亡矣。夫天地之气不失其序。若过其序,民之乱也。阳伏而不能出,阴迫而不能蒸,于是有地震。"(《国语·周语上》)公元前645年,宋国发生陨石坠落和"六鹢退飞"的异常现象,当时迷信的人认为与人的吉凶有关。周内史叔兴则认为灾异与人事的好坏无关,自然界的异常现象是由自然界阴阳二气失调造成的,他说:"是阴阳之事,非吉凶所生也。吉凶由人。"(《左传·僖公十六年》)古代思想家还形成了"五行"构成百物的思想。春秋初年,史伯对郑桓公说:"夫和实生物,同则不继。以他平他谓之和,故能丰长而物归之。若以同裨同,尽乃弃矣。故先王以土与金、木、水、火杂,以成百物。"(《国语·郑语》)

至战国时期思想家荀子提出了"明于天人之分"的命题:"故明于天人之分,则可谓至人矣。"又说:"天行有常,不为尧存,不为桀亡。"自然界的规律是独立于人类社会的,它的运行不以人的意

二、中华优秀传统文化与马克思主义相契合的内在逻辑

志和愿望为转移:"天不为人之恶寒也辍冬,地不为人之恶辽远也辍广。"自然界的运行没有目的、意志:"不为而成,不求而得,夫是之谓天职。"又说:"列星随旋,日月递炤,四时代御,阴阳大化,风雨博施,万物各得其和以生,各得其养以成。不见其事而见其功,夫是之谓神。皆知其所以成,莫知其无形,夫是之谓天。"在上述认识的基础上,荀子总结了古代劳动人民利用自然的主观创造力和能动性,响亮地提出人有改造自然界的使命:"大天而思之,孰与物畜而制之?从天而颂之,孰与制天命而用之?"并且洋溢着乐观的战斗精神,相信人类只要充分地发挥主观能动性,就能够战胜自然界,得到自己的幸福:"强本而节用,则天不能贫;养备而动时,则天不能病;修道而不贰,则天不能祸。故水旱不能使之饥渴,寒暑不能使之疾,袄怪不能使之凶。"(均见《荀子·天论》)荀子还论述了人能通过"合群"即互相协作战胜自然

界和"礼"的起源问题,以此说明人类社会的制度、秩序、礼节是从原始的蒙昧状态逐步发展形成的。他认为,在初民时期,人类所得到的生活资料很少,为了消除争夺,一方面,需要增加生产,节用而裕民;另一方面,需要用"礼"来限制人们的欲望。"礼起于何也?曰:人生而有欲,欲而不得,则不能无求。求而无度量分界,则不能不争;争则乱,乱则穷。先王恶其乱也,故制礼义以分之,以养人之欲,给人之求。使欲必不穷乎物,物必不屈于欲,两者相持而长,是礼之所起也。"(《荀子·礼论》)荀子认为社会秩序、制度是由于人类社会生活的需要而逐步形成的。这种认识堪称古代唯物主义思想路线在社会思想领域所取得的重要成果。

反映早期法家思想的《管子·牧民》认为,社会的礼法制度和道德观念绝不能凭空产生,必须建立在一定的物质生产水平之上,说:"凡有地牧民者,务在四时,守在仓廪。国多财则远者来,地辟

二、中华优秀传统文化与马克思主义相契合的内在逻辑

举则民留处。仓廪实则知礼节,衣食足则知荣辱。"这一精辟概括,同样代表了先秦唯物主义的深刻论断,对后世学者产生了重要的影响。西汉杰出的史学家司马迁继承了《荀子》《管子》的唯物主义认识传统,他通过忠实地考察社会变迁而认识到:人们要求满足衣、食、住等物质需要的欲望是天然合理的,由此推动社会的前进,任凭你挨家挨户去说教,都无法改变这种状况。故他在《史记·货殖列传》中说:"夫神农以前,吾不知已。至若《诗》《书》所述虞、夏以来,耳目欲极声色之好,口欲穷刍豢之味,身安逸乐,而心夸矜势能之荣。使俗之渐于民久矣,虽户说以眇论,终不能化。"他所强调的俗,就是长期形成的希望不断满足物质要求的欲望。由于司马迁深刻地认识到经济生活具有推动社会前进的积极作用,因此批评老子企图把社会拉回到原始状态的想法是注定行不通的,指出:"必用此为务,挽近世涂民耳目,则几无行矣。"司

马迁还出色地论述经济生活具有自己的法则,从中寻找历史的线索。他认识到各地区不同的物产和人们生活的需要,推动了社会的分工和交换的形成。山西的林、竹,山东的鱼、盐,江南的枏、梓,北方的马、牛,等等,"皆中国人民所喜好,谣俗被服饮食奉生送死之具也。故待农而食之,虞而出之,工而成之,商而通之。此宁有政教发征期会哉?人各任其能,竭其力,以得其所欲。故物贱之征贵,贵之征贱,各劝其业,乐其事,若水之趋下,日夜无休时,不召而自来,不求而民出之。岂非道之所符,而自然之验邪?"(均见《史记·货殖列传》)这里把经济生活中存在的法则提高到客观存在的高度,并以已得到验证的"道"来论述,强调它不是行政力量所能强制,也不是人的意愿所能改变。

恩格斯这样论述唯物史观最根本的观点:"唯物史观是以一定历史时期的物质生活条件来说明一

二、中华优秀传统文化与马克思主义相契合的内在逻辑

切历史事变和观念、一切政治、哲学和宗教的。"① 又说:"一个很明显而以前完全被人忽略的事实,即人们首先必须吃、喝、住、穿,就是说首先必须劳动,然后才能争取统治、从事政治、宗教和哲学等等——这一很明显的事实在历史上应有的权威此时终于被承认了。"② 司马迁承认"人们首先必须吃、喝、住、穿"的基本事实对社会历史发展的重要作用,并认为经济生活有自己的发展趋势,把政治上的治乱兴衰与经济情况联系起来,说明他确已"接触到了真理的边缘"。③ 司马迁还主张人们自由获得财富,主张大力发展工商业。在《史记·货殖列传》中,他还淋漓尽致地描写了一幅贤人名士、官吏军士、医生工匠、农工商贾、猎人渔夫、赌徒歌

---

① 《论住宅问题》,《马克思恩格斯选集》第3卷,人民出版社1995年版,第537页。
② 《卡尔·马克思》,《马克思恩格斯选集》第3卷,人民出版社1995年版,第335—336页。
③ 白寿彝:《司马迁与班固》,《白寿彝史学论集》(下),北京师范大学出版社1994年版,第730页。

女，人人尽心竭力追求财富的图画。司马迁还引用《荀子·礼论》中"礼由人起。人生有欲，欲而不得则不能无忿"等论点，作为《礼书》的主要内容，列为《史记》八书之首篇。司马迁能撰成传诵千古的史学杰构，他在历史观上具有鲜明的唯物主义倾向乃是重要的原因之一。直到近代，人们阅读《史记》，都不能不因他的进步观点而深受启发。

东汉的王充，清代的王夫之、颜元、戴震等都继承了古代唯物主义认识传统，提出了闪耀着进步光辉的论点。王充发挥了"仓廪实，民知礼节"的命题，他说："夫世之所以为乱者，不以贼盗众多，兵革并起，民弃礼义，负畔其上乎？若此者，由谷食乏绝，不能忍饥寒。夫饥寒并至而能无为非者寡；然则温饱并至而能不为善者希。传曰：'仓廪实，民知礼节；衣食足，民知荣辱。'让生于有余，争起于不足。谷足食多，礼义之心生；礼丰义重，平安之基立矣。"（《论衡·治期篇》）他认为社会

二、中华优秀传统文化与马克思主义相契合的内在逻辑

的治乱直接取决于民众的经济生活状况。王充《论衡》全书的著述宗旨是"疾虚妄"(《论衡·佚文》)，也即以唯物的观点为指导，对于一切鬼神迷信、妖言妄说、诈伪臆断之词进行驳斥，他说："又伤伪书俗文多不实诚，故为《论衡》之书。""故作实论，其文盛，其辩争，浮华虚伪之语，莫不澄定"(《论衡·自纪篇》)。王充认为"天道自然"，批评自西汉董仲舒以来被官方大肆渲染的"谴告说"毫无根据："夫天道，自然也，无为。如谴告人，是有为，非自然也。黄、老之家，论说天道，得其实矣。"(《论衡·谴告篇》)又说："且凡言谴告者，以人道验之也。人道，君谴告臣，上天谴告君也，谓灾异为谴告。夫人道，臣亦有谏君，以灾异为谴告，而王者亦当时有谏上天之义，其效何在？"(《论衡·自然篇》)他认为主张谴告说的人，是以人事来比附自然界，把自然界拟人化，这是非常错误的。极为可贵的是，王充在认识论上坚持唯物主义

的观点。他提出，认识是否正确的标准，在于是否合乎事实："凡论事者，违实不引效验，则虽甘义繁说，众不见信。"(《论衡·知实篇》)"违实"就是与事实相反。正确的认识必须符合客观事实，不与客观事实相符合的说法便是虚妄。《论衡》全书便是要穷究各种说法是否与客观的事实相符合，以此辨明"虚实之分"。故王充又说："事莫明于有效，论莫定于有证。"(《论衡·薄葬篇》)王充在诸多篇章中尖锐地批评世俗之士"好褒古而贬今""尊古卑今"的偏见。《论衡·超奇篇》批评他们迷信古代到了是非颠倒的地步："俗好高古而称所闻，前人之业，莱果甘甜；后人新造，蜜酪辛苦。"《论衡·齐世篇》列举俗儒美化古代功业、贬低当今治绩的谬见："语称上世之时，圣人德优，而功治有奇。……及至秦、汉，兵革云扰，战力角势……非德劣不及，功薄不若之征乎？"王充的看法截然相反，他认为汉代的功业大大超过前代："大汉之德

二、中华优秀传统文化与马克思主义相契合的内在逻辑

不劣于唐、虞也。""光武皇帝龙兴凤举,取天下若拾遗,何以不及殷汤、周武?"因此,王充对自己提出的任务是"宣汉",要大力肯定和宣扬汉朝的进步。事实证明了王充尊重客观事实的认识路线的正确,也验证了俗儒种种虚妄之见的错误。

清代进步学者王夫之、颜元、戴震都自觉地担负了批判宋明以来理学、心学唯心主义说教的任务。清初王夫之批评理学家把封建统治秩序称为"天理",认为它是先于天地万物而先验存在,坚持"道不离器"的唯物主义命题,并加以发展。他说:"天下惟器而已矣。道者器之道……无其器则无其道,人鲜能言之,而固其诚然者也。洪荒无揖让之道,唐、虞无吊伐之道,汉、唐无今日之道,则今日无他年之道者多矣。……未有弟而无兄道,道之可有而且无者多矣。故无其器则无其道,诚然之言也,而人特未之察耳。"(《周易外传》卷五《系辞上传第十二章》)事物的原理存在于事物之中,离

开了具体事物，这一具体的"道"便不存在。客观事物发展变化，"道"也随之而发展变化。这就有力驳斥了理学家称"道"原是超乎事物之外、先于事物存在的错误理论。王夫之反对宋儒将天理与人欲对立起来的唯心主义说教，他说："天理充周，原不与人欲相为对垒。"（《读四书大全说》卷六）人之合理欲望都得到满足，这才是最高的道理，才是社会应当努力实现的最高理想。王夫之的这一结论，把自宋代理学占据支配地位以来盛行数百年的"存天理、灭人欲"的错误命题，从根本上纠正过来。王夫之又论述了历史演变的"理"和"势"的关系问题。他认为，"理"是历史发展的规律，"势"是历史实际发展的形势或趋势。抽象的理，必须通过具体而多变的历史事件等表现出来："理本非一成可执之物，不可得而见；气之条绪节文，乃理之可得者也。"（《读四书大全说》卷九）王夫之主张"理在事中"，在历史发展中没有不依靠"势"而存

二、中华优秀传统文化与马克思主义相契合的内在逻辑

在的"理",也没有不依靠"理"而存在的"势"。故他又说:"势之当然者又岂非理哉?""理当然而然则成乎势矣。"(《读四书大全说》卷九)比王夫之时代稍后的颜元,则在发展唯物主义的认识论上提出了卓见。梁启超曾专门写了《颜李学派与现代教育思潮》一文,表彰颜元及其学生李塨倡导重视实践的思想,称他们不独是清儒中很特别的人,实在是两千年思想界之大革命者。颜元学说的核心,是获得学问的唯一途径,全靠实际践行。他提出,必须"亲下手",亲自实践一番,变革事物,才能获得对事物的真知识。故说:"今之言'致知'者,不过读书、讲问、思辨已耳,不知致吾知者,皆不在此也。辟如欲知礼,任读几百遍礼书,讲问几十次,思辨几十层,总不算知。直须跪拜周旋,捧玉爵,执币帛,亲下手一番,方知礼是如此,知礼者斯至矣。辟如欲知乐,任读乐谱几百遍,讲问、思辨几十层,总不能知。直须搏拊击吹,口歌身舞,

亲下手一番,方知乐是如此,知乐者斯至矣。"(《四书正误》卷一《大学》)颜元对理学家讲烂了的"格物致知"命题做出新的解释:"格物谓犯手实做其事。"(《颜习斋先生言行录》卷上)并以品尝菜蔬加以说明:"必箸取而纳之口,乃知如此味辛。故曰手格其物而后知至。"(《四书正误》卷一)他批评理学家终日读书讲论、闭目静坐,并不能真正懂得事物:"朱门一派口里道是'即物穷理',心里见得,日间做得,却只是读书讲论。……其实莫道不曾穷理,并物亦不能即。'半日静坐,半日读书',那会去格物?莫道天下事物,只礼乐为斯须不可去身之物,亦不会即而格之!"(《习斋记余》卷六《阅张氏〈王学质疑〉评》)

乾嘉时期的思想家戴震著《原善》《孟子字义疏证》,尖锐地批判理学家否定情欲之说。戴震认为,情欲是人生的本能,也是人类社会最根本的存在,保证人的情欲依照其自然的逻辑发展,国家才得治

二、中华优秀传统文化与马克思主义相契合的内在逻辑

理,社会才得安宁,如果禁绝性情、遏止人欲,就等于壅塞仁义,堵死社会发展之路。故说:"生养之道,存乎欲者也;感通之道,存乎情者也。二者,自然之符,天下之事举矣。"(《原善》卷上)"君子之治天下也,使人各得其情,各遂其欲,勿悖于道义;君子之自治也,情与欲使一于道义。夫遏欲之害,甚于防川;绝情去智,充塞仁义。……夫以理为学,以道为统,以心为宗,探之茫茫,索之冥冥,不若返求诸《六经》。"(《戴东原集·附录·戴先生行状》)戴震写有《答彭进士允初书》,直斥程、朱援释入儒,尽失孔子学说真解。程、朱所持"天欲净尽,天理流行"的说教,至百年来为害斯民至烈!在《孟子字义疏证》中,戴震愤怒地揭露尊者、长者、贵者动辄以"理"责罚卑者、幼者、贱者,"理"成为迫害无数无辜者含冤致死的工具,这就是"以理杀人",他说:"人死于法,犹有怜之者;死于理,其谁怜之!"(《孟子字义疏证》卷上

《理》)这是对理学最痛切的批判。鸦片战争时期的魏源更加明确而简洁地总结出必须"行"然后才能获得"知"的命题,在其哲学著作《默觚》中的论述掷地有声,使人深受启发。他说:"'及之而后知,履之而后艰',乌有不行而能知者乎?……披五岳之图,以为知山,不如樵夫之一足;谈沧溟之广,以为知海,不如估客之一瞥;疏八珍之谱,以为知味,不如庖丁之一啜。"(《默觚上·学篇二》)魏源能够达到如此的认识高度,是以极其丰富的实践为基础的,他堪称嘉道时期出色的实践家。其足迹甚广,少年时即从家乡湘西邵阳出发,到长沙求学,此后多次远行到北京应考。因其关心水利兴废,所到之处必多方跋涉,实地观察山川水流高下走向;此后又入陶澍、贺长龄幕府,参与道光年间著名的海运、票盐、漕运诸项改革,从广泛的实践中提升认识。他又于道光六年(1826)代江苏布政使贺长龄纂辑成《皇朝经世文编》,共120卷,精

二、中华优秀传统文化与马克思主义相契合的内在逻辑

选清初以来见识突出的经世致用、有益国计民生的论著、奏疏、信札等共2236篇,约700人的文章,将顾炎武、黄宗羲排在卷首。全书分列的类目有学术、治体、吏政、户政、礼政、兵政、刑政、工政等八类,编成后数十年风行海内,被称誉为"体用俱备,案头不可一日离"(左宗棠《左宗棠全集·书信一·咸丰三年·与陶少云》)的必备著作。如此深厚的积累和对现实社会及学术风尚深刻而独到的观察,决定其重视实践的理论很有批判性锋芒,对于宋明理学家和清代朴学家轻视实践的严重弊病,有切中要害的评论,指出理学家存在"有知无行"、脱离实践的弊病,清代朴学家在知行问题上摒斥躬行,甚至训一贯为壹行,以诂经为生安之学,而以践履为困勉之学,也完全脱离社会现实。魏源继承了王夫之等人的唯物主义认识论,批判唯心主义的先验论,坚持"行先知后"的朴素唯物论观点,其进步观点对于晚清学风的演变产生了极大的影响。

王夫之、颜元、戴震、魏源等人从认识论层面和社会政治运作层面对理学的有力批判,充分显示出中国唯物主义优良传统的强烈战斗精神,预示着统治中国社会长达五六百年的理学时代行将结束,中国思想界将进入剧烈变动的新时期。上述思想家的唯物主义主张和批判精神,恰恰成为20世纪先进的中国人接受马克思主义唯物论和革命学说的桥梁。

(三)辩证、发展的观点与马克思主义辩证法相契合

在马克思主义理论体系中,辩证法是与唯物主义学说密切相联系的。马克思、恩格斯批判地继承了古代的辩证法成就、黑格尔的辩证法理论,创立了革命的辩证法学说,成为人们观察自然界和社会发展进程,分析思想领域各种理论主张,制定指导

二、中华优秀传统文化与马克思主义相契合的内在逻辑

革命的方针、策略的有力武器。马克思主义的辩证法内容十分丰富而深刻,其主要观点包括:统一体分为两个互相矛盾、互相排斥的对立面,对立面的斗争推动事物的发展;对立面在一定条件下向其相反的方向转化;一事物与他事物互相联系、互为条件、互为因果,成为整个世界统一的、有规律的运动过程;事物发展的动力在自己的内部,事物外部的相互联系和作用是事物运动的外因,外因通过内因起作用,反对绝对化看待事物,具体情况具体分析;事物发展过程中量变与质变互相转化,当量的增减达到一定界限时,事物的性质便会产生变化,旧事物便变成新事物,由此又开始了量变与质变互相转化的过程,推动事物由低级阶段向高级阶段发展;事物由矛盾而引起的发展,经由肯定—否定—否定之否定的形式螺旋式地前进。马克思主义经典作家对于辩证法的精髓有许多精妙的论述,如,"当我们深思熟虑地考察自然界或人类历史或我们的精

神活动的时候,首先呈现在我们眼前的,是一幅由种种联系和互相作用无穷无尽地交织起来的图画,其中没有任何东西是不动的和不变的,而是一切都在运动、变化、产生和消失"①。"历史上依次更替的一切社会制度都只是人类社会由低级向高级的无穷发展进程中的一些暂时阶段。每一个阶段都是必然的,因此,对它所由发生的时代和条件说来,都有它存在的理由;但是对它自己内部逐渐发展起来的新的、更高的条件来说,它就成为过时的和没有存在的理由了;它不得不让位于更高的阶段,而这个更高的阶段也同样是要走向衰落和灭亡的"②。"可以把辩证法简要地确定为关于对立面的统一学说。这样就会抓住辩证法的核心"③。"发展是对立面的斗

---

① 恩格斯:《社会主义从空想到科学的发展》,《马克思恩格斯选集》第3卷,人民出版社1995年版,第733页。
② 恩格斯:《路德维希·费尔巴哈和德国古典哲学的终结》,《马克思恩格斯选集》第4卷,人民出版社1995年版,第217页。
③ 列宁:《黑格尔〈逻辑学〉一书摘要》,人民出版社1965年版,第160页。

二、中华优秀传统文化与马克思主义相契合的内在逻辑

争。……对立面的统一（一致、同一、均势）是有条件的、暂时的、易逝的、相对的。相互排斥的对立面的斗争则是绝对的，正如发展、运动是绝对的一样"①。辩证法和唯物论学说构成马克思主义科学理论的基石。恰当地结合社会生活实践和科学研究实践，运用并发挥这些真理性认识，便能在革命运动或学术领域中创造出出色的成就。

中国的先哲们也有大量的关于辩证法的深刻论述。尽管他们的认识往往是朴素的，表达不够系统，但这些论述同样是对自然和社会历史进程的辩证运动和发展的宝贵认识。20世纪初，先进的知识分子通过这些传统思想的精华印证了马克思主义革命辩证法的正确性。这些思想精华由此而成为接受马克思主义学说的中介。

先秦儒家经典《诗经》《左传》《论语》《孟子》

---

① 列宁：《谈谈辩证法问题》，《列宁选集》第2卷，人民出版社1995年版，第557页。

《易传》等典籍对辩证的、发展的观点的论述相当丰富而突出。《诗经》中"高岸为谷，深谷为陵"（《诗经·小雅·十月之交》）的诗句，用自然界的高岸、低谷的剧变，生动形象地比喻社会新旧制度、强弱势力的巨大变化。《左传》《国语》中记载了春秋时期思想家讨论"和"与"同"两种观念、两种处理事情态度的原则性差别，《左传》记载齐国大臣晏婴与齐景公的对话，景公告诉晏婴：只有梁丘据（景公宠臣）跟他"和"。晏婴说："据亦同也，焉得为和？"于是两人有如下对话："公曰'和与同异乎？'对曰：'异。和如羹焉，水、火、醯、醢、盐、梅，以烹鱼肉，燀之以薪，宰夫和之，齐之以味，济其不及，以泄其过。君子食之，以平其心。君臣亦然。君所谓可而有否焉，臣献其否以成其可。君所谓否而有可焉，臣献其可以去其否。是以政平而不干，民无争心。……今据不然。君所谓可，据亦曰可。君所谓否，据亦曰否。若以

二、中华优秀传统文化与马克思主义相契合的内在逻辑

水济水,谁能食之?若琴瑟之专一,谁能听之?同之不可也如是。'"(《左传·昭公二十年》)这里晏婴讲出了极其深刻的认识,指出"和"与"同"的不同:"同"是简单的同一。水再加上水,是无法忍受的乏味。弹琴只有一个音调、一个节奏,则根本不是音乐。"和"是集合许多不同的对立面以得一个新的统一。譬如厨师做羹汤,将各种食物、调料进行烹调,这样就可以"济其不及,以泄其过",既互相补充、调节,又保持各种食物的味道,成为一锅美汤。臣对于君的说法,只赞同他正确的部分,而明确地不赞同他不正确的部分,这样才能使正确的意见得到施行并获得成效。如果像梁丘据那样,"君所谓可",臣亦说可;"君所谓否",臣亦说否,这就是无原则的"同",是取消了对立面的"苟同",是不问是非、迁就错误的"混同",对于认识事物、治理国家都是有害而无益的。诚如冯友兰评价的:"晏婴的这种思想,对于对立面的

统一的辩证关系有相当的认识。"①《国语》中也记载了史伯与郑桓公的谈话："夫和实生物，同则不继。以他平他谓之和，故能丰长而物归之。若以同裨同，尽乃弃矣。"（《国语·郑语》）互有差异、各具特点的百物，对立而又统一地相处，才成为丰富多彩的世界。取消了特性，只有同而无异，就不成为世界了。这种强调既对立又统一的观点同样是深刻的。《论语》中有孔子的名言："君子和而不同。"（《论语·子路》）明确地区分"和"与"同"两种相反的处事态度，主张形成保持有原则的独立性且又互相协调的人际关系，反对放弃原则的迁就、苟同。孔子称"中庸"是一种高尚的道德境界，其中即包含着辩证法，故说："我叩其两端而竭焉。"（《论语·子罕》）避免事物走向两个极端。孔子又说"过犹不及"（《论语·先进》），指出超过了一定

---

① 冯友兰：《中国哲学史新编》上册，人民出版社1998年版，第133页。

二、中华优秀传统文化与马克思主义相契合的内在逻辑

的限度事物即走向反面,故主张"允执其中"(《论语·尧曰》)。《礼记》中也记载了孔子的话:"执其两端,用其中于民。"(《礼记·中庸》)孔子又提出"经"与"权"一组对立的范畴,在中国古代辩证法思想资料中具有重要的价值。"经"是常规性,是在通常情况下应当遵守的做法;"权"是灵活性,是在不违反原则前提下的变通。孔子说:"可与共学……可与立,未可与权。"(《论语·子罕》)是指有些人虽能"立于礼",但往往把礼当成一种死板的规矩,拿固定的办法去应对不同的事情,"未可与权",就是对于礼不能灵活地应用。汉代的董仲舒进一步发挥孔子的思想,他提出:"《春秋》固有常义,又有应变。"(《春秋繁露·精华》)"故说《春秋》者,无以平定之常义,疑变故之大则,义几可谕矣"(《春秋繁露义证·竹林》)。孔子又论述后代对于前代的礼制有"因"也有"革":"殷因于夏礼,所损益可知也。周因于殷礼,所损益可

知也。其或继周者，虽百世可知也。"(《论语·为政》)这是在一定程度上看到历代制度有继承和变革的关系。孔子在教育方法上也有显著的辩证法思想。他说："学而不思则罔，思而不学则殆。"(《论语·为政》)"不愤不启，不悱不发。"(《论语·述而》)"求也退，故进之；由也兼人，故进之。"(《论语·先进》)"多闻，择其善者而从之，多见而识之，知之次也。"(《论语·述而》)"毋意，毋必，毋固，毋我。"(《论语·子罕》)孟子称孔子是"圣之时者"，即赞扬孔子能根据时势采取灵活应变的态度。孟子又指出，刻板地办事在一定情况下会适得其反："可以取，可以无取，取（按，应作无取）伤廉；可以与，可以无与，与伤惠；可以死，可以无死，死伤勇。"(《孟子·离娄下》)即廉者无取于人，可是，在一定情况下，"无取"反而伤廉，其余两种情况也相类似。孟子也强调"经"与"权"的关系："执中无权，犹执一也。"(《孟子·尽心上》)

二、中华优秀传统文化与马克思主义相契合的内在逻辑

又说:"男女授受不亲,礼也;嫂溺,援之以手者,权也。"(《孟子·离娄上》)同样强调在特殊情况下必须灵活地处理事情。

成书于战国时代的儒家典籍《易传》尤其集中表达了对运动和发展的辩证见解。《易经》中本来就用六十四卦的排列、变化,显示出正反事物互相对立而统一的关系,如《乾》卦与《坤》卦、《泰》卦与《否》卦排在一起。"易"就是"变易"之意。《系辞上传》说:"天尊地卑,乾坤定矣。卑高以陈,贵贱位矣。动静有常,刚柔断矣。"天地、尊卑、贵贱、动静、刚柔,都是相反的东西,可是又必须在一起。正是由于事物自身包括有自己的对立面的统一,所以事物才有自己的变化,故称"一阴一阳之谓道"。显然,《易传》在这里已接触到辩证法最根本的法则。列宁为对立统一法则所下的定义是:"承认(发现)自然界(精神和社会也在内)的一切现象和过程都含有矛盾着的、互相排斥

的、对立的趋向。"①《易传》正是接触到了这个原则,并以此为根本,从多方面论述了对立统一的关系。《周易》的第一卦是《乾》卦,《文言》称:"大哉乾乎!刚健中正,纯粹精也。"《周易·乾卦·彖辞说》:"天行健,君子以自强不息。"这一论断高度概括了运动发展、生生不息的力量源泉和演进趋势,成为两千多年来鼓舞中华民族奋发进取、刚健有为、衰而复振、乐观创造的精神支柱。《易传》言:"穷则变,变则通,通则久。""上下无常,刚柔相易。""安不忘危。"(《易传·系辞下传》)"日中则昃,月盈则食,天地盈虚,与时消息。"(《易传·丰·彖辞》)这些都是讲事物对立统一的关系。《易传》又特别强调变革:"革,水火相息。二女同居,其志不相得曰革。""天地革而四时成,汤武革命,顺乎天而应乎人,革之时大矣哉!"(《易

---

① 列宁:《谈谈辩证法问题》,《列宁选集》第2卷,人民出版社1995年版,第557页。

二、中华优秀传统文化与马克思主义相契合的内在逻辑

传·革·彖辞》)所有这些论述表达的中心思想是：无论自然界或人类社会，事物的变化都是通过对立面转化的方式，不断更新和前进的过程。《易传》的局限性主要是只论述循环往复的变化，而并未强调发展过程中质的飞跃。

古代思想中道家、兵家的辩证法思想同样是很突出的。《老子》中的"祸兮福之所倚，福兮祸之所伏"(《老子》第五十八章)，使人深刻地认识到，在胜利中应看到失败的因素，在困难中应看到光明的前途。《老子》书中其他论述，如："有无相生，难易相成，长短相形，高下相倾，音声相和，前后相随。"(《老子》第二章)"将欲夺之，必固与之。……柔弱胜刚强。"(《老子》第三十六章)"曲则全，枉则直，洼则盈，敝则新。"(《老子》第二十二章)"合抱之木，生于毫末；九层之台，起于累土；千里之行，始于足下。"(《老子》第六十四章)这些都是通过总结自然现象和社会

现象，从不同角度论述矛盾的双方存在于统一体中，互相消长，在一定条件下向相反的方面转化的道理。先秦兵家著作《孙子兵法》则从军事学角度对辩证法做了精彩的论述，如"知己知彼，百战不殆"（《孙子兵法·谋攻》篇），成为后人从事战争和实施各项复杂工作的重要指导思想。书中提倡交替使用"正"（正规）、"奇"（灵活多变）两类战法，出奇制胜。对敌人要"避实而击虚"（《孙子兵法·虚实篇》），"避其锐气，击其惰归"（《孙子兵法·军争篇》），"兵者，诡道也。故能而示之不能，用而示之不用；近而示之远，远而示之近"，"攻其无备，出其不意"（《孙子兵法·计篇》），"以佚待劳，以饱待饥"（《孙子兵法·军争篇》）。

至乾嘉时期，中国社会已处于近代的前夜，感觉敏锐的学者，已经感悟到时代的迫切需要，就是发扬批判精神，运用辩证分析的思想锐器，对因循保守的局面展开冲击，以求开创新路，章学诚就是

二、中华优秀传统文化与马克思主义相契合的内在逻辑

这样的具有革新勇气的人物。其所著《文史通义》是清代学术史上的名著，在今天，我们仍然十分有必要对这部思想史上的重要著作认真地发掘、总结，重估其价值。原因在于，一者，章学诚处于理论思维相对薄弱的时代，却重视对历史哲学的探索，敢于启开"千古未凿之窦"，甚至发出石破天惊之伟论。其过人的勇气、厚重的底气，从何而来呢？就在于他对中华文化优良传统的自觉继承，深谙其中的精义妙理，因而在孤独和挫折中找到了方向，称他是理论上的勇士，毫不为过。再者，其重要观点，都是通过辩证分析得来，此乃《文史通义》全书精髓所在。道路坎坷、生活艰辛，使他不仅勤奋读书，而且多有历练，从社会实践中更多地获得辩证分析事物的经验，因而做到自觉地发扬、运用中国古代辩证法，取得了超越常人的成就。然则当日唯以考证为高，章学诚饱受歧视。而此后以"单纯考证尺度"作为评价学术标准者仍颇

有其人,因此对章学诚的理论成就十分隔膜,甚至讥之为"乡曲之士",致使与他所著这部文化经典的真价值竟失之交臂。冯友兰所著《中国哲学史新编》,其学术价值不能低估,可是在其论述清代哲学的第六卷中,却未为章学诚设立专门章节,甚至书中连章氏的名字也见不到。今天我们要实事求是地对《文史通义》进行评价,努力做好创造性阐释,让其中的真金放出光彩,这也是当前学术研究的一个新的增长点。《文史通义》一书的精髓,就是运用辩证法在历史哲学等领域创立新说,其理论具有"开凿鸿蒙"的价值,远远超出史学评论的范围。书中极具警策意义的创新观点所在多有,举其荦荦大者,有以下三项。一是,首倡"六经皆史"说。通过辨析"经"与"史"的关系问题,论证儒家六经并非圣人头脑创造出来的,而是古代治国实践的产物。由于深谙辩证法的道理,章学诚在社会指导思想这一根本问题上达到难能可贵的高度,论

二、中华优秀传统文化与马克思主义相契合的内在逻辑

述必须打破古代经书上的"道"万古不变、不可移易的思想桎梏,树立根据时代之变迁、总结出新的"道"的新观念,做到"约六经之旨而随时撰述以究大道",这样新创立的"道"才能发挥指导现实、除障救弊的作用,"有所需而后从而给之,有所郁而后从而宣之,有所弊而后从而救之"(《文史通义·原道下》)。当日之急务是在迂腐拘牵、暮气沉沉的思想界闯出一条新路,章学诚对于"道"的探索具有时代觉醒的意义。二是,正史编纂的后期也呈现封建"末世"景象,墨守成规不知变通,芜滥舛误弊病丛集。当时士人对此视为当然,无动于衷,章学诚却指出此种病态有如河淮洪水泛滥、溃烂决裂,非救治不可。他分析了司马迁创立纪传体做到诸体配合、灵活变通的创造活力,到后期正史编纂者缺乏裁断、陈陈相因的演变及其实质。又以辩证眼光分析"史义"与"史例"的关系,《史记》之成功在于以"史义"统率"史例"。后世多部正

史则相反，对"史例"的运用不知因时而变，结果"史义"反过来成为"史例"的奴隶，根本不能体现历史大势，成为"斤斤如守科举之程式，不敢稍变；如治胥吏之簿书，繁不可删"（《文史通义·书教下》）。因此他以极大的魄力，提出历史编纂改革的方向，即"仍纪传之体而参本末之法"（《文史通义·外篇三·与邵二云论修〈宋史〉书》）。章学诚认为要吸收"纪事本末体"因事命篇、不拘常格、灵活变通的优点，来改造积弊严重的正史编纂，表现出非凡的远见卓识。这一改革主张影响了近代以来历史编纂的新格局，直至今日。三是，在学风问题上，当时考证之风极盛，考证学末流尤其醉心于细小问题的考据，认为此乃是学问的全部。章学诚切中要害地指出，这种脱离实际、不问世事的做法完全违反治学的正途；收集材料、擘绩补苴，只是"功力"，不等于"学问"，治学应当回到"经世致用"的正确方向。故言："学与功力，实相似而

二、中华优秀传统文化与马克思主义相契合的内在逻辑

不同。……指功力以谓学,是犹指秫黍以谓酒也。"(《文史通义·博约中》)"记诵家精其考核,其于史学,似乎小有所补,而循流忘源,不知大体,用功愈勤,而识解所至,亦去古愈远而愈无所当。"(《文史通义·申郑》)这些例证有力地证明章学诚对辩证思维的运用达到时人难以达到的高度,因而目标坚定、识见高明,具有自觉的使命担当精神,并且预示着学术风尚行将变化。

鸦片战争时期果然成为时代思潮的新起点,"经世致用"学风重新勃兴,进步学者运用"法无不改"的辩证观点,以更大的声势批判空疏学风,揭露封建专制的黑暗残酷,倡导实行社会改革。龚自珍警告"衰世"已经到来,提出"一祖之法无不敝,千夫之议无不靡,与其赠来者以勍改革,孰若自改革"(《龚自珍全集·乙丙之际著议第七》)。魏源主张"变古愈尽,便民愈甚"(《魏源集·默觚下·治篇五》)。他还于1841年编纂《海国图志》,

提出"师夷长技以制夷"的著名口号，表达了中华民族抗击侵略、救亡图强的呼声。还有林则徐、姚莹、包世臣、张际亮等学者力倡经世致用的论著和主张。所有这些具有时代意义的成果，成为中国本土学者运用辩证思维在历史剧变时期所取得成就的一次检阅。还应特别提出，传统学者对于一些有关国家制度与社会进程的重大问题，有前后相承的深入阐发，难能可贵地闪耀出辩证分析的光辉。其中对分封制和郡县制的演变的讨论，即为突出的例证。封建制实行于西周，周初天子实行封土建邦，分封王室子弟及功臣，建立鲁、卫、晋、燕、齐、宋等诸侯国。秦始皇统一六国，建立中央集权政权，在全国实行郡县制。以后历代总有人提出分封制与郡县制孰优孰劣的问题，其理由是周朝实行分封制带来了八百年的统治，而秦朝实行郡县制结果二世而亡，因此长期引起争论。不少进步思想家通过分析历史事实，论证郡县制取代分封制是历史

二、中华优秀传统文化与马克思主义相契合的内在逻辑

的必然趋势。西汉初,刘邦分封刘姓子弟为王,用以藩屏汉室。其结果是,王国势力逐渐膨胀,尾大不掉。贾谊在《治安策》中,痛陈诸侯王的割据局面造成对朝廷的威胁,"天下之势,方病大肿,一胫之大几如腰,一指之大几如股"。因此他建议坚决削弱诸侯王的势力:"欲天下之治安,莫若众建诸侯而少其力。力少则易使以义,国小则无邪心。"(《汉书·贾谊传》)以后景帝、武帝即采取贾谊所陈方针,相继实行"削藩"和"推恩令",终于使王国辖地都不过数县,其地位相当于郡,因而大大巩固了西汉中央集权。唐代柳宗元著《封建论》,针对有的人所持的封建是圣人所设的制度不可改变的复古主义论调,做了透彻有力的分析驳斥。他明确指出,封建不是圣人的意志所决定的,而是当时形势所决定的:"封建非圣人意,势也。……归周者八百焉,资以胜殷,武王不得而易。徇之以为安,仍之以为俗,汤、武之所不得已也。"柳宗元

进而论述，废封建而设郡县，是历史的进步，是时势的要求，防止割据分裂对人民造成的灾难。周朝实行分封制，结果是诸侯势力强大，周天子徒有虚名，指挥不动，最终形成春秋十二诸侯并立，战国七雄割据，所以分封制正是导致周朝衰亡的原因："周之丧久矣，徒建空名于公侯之上耳！得非诸侯之盛强，末大不掉之咎欤？遂判为十二，合为七国，威分于陪臣之邦，国珍于后封之秦。则周之败端，其在乎此矣。"而秦朝废除分封制，设置郡守、县令，朝廷控制着全国的权力，这正是郡县制的成功之处："秦有天下，裂都会而为之郡邑，废侯卫而为之守宰，据天下之雄图，都六合之上游，摄制四海，运于掌握之内。此其所以为得也。"他进而论述，废分封制而实行郡县制，是历史的趋势所决定，秦朝以郡县代封建，虽然是从维护皇帝统位的"私"出发，但其制度，却避免了分裂割据带给人民的苦难，所以是最大的"公"："秦之所以革之

二、中华优秀传统文化与马克思主义相契合的内在逻辑

者,其为制,公之大者也。其情,私也,私其一己之威也,私其尽臣畜于我也。然而公天下之端自秦始。"(《柳宗元集》卷三《封建论》)柳宗元《封建论》堪称中古时代进步思想家运用辩证、发展的思维剖析历史问题的杰作,在当时,它具有反对中唐藩镇割据势力的现实意义。

清初的王夫之继承了柳宗元的进步观点,他阐述由分封制向郡县制的演变,是"势"之所趋,亦是合于"理"的结果,恢复分封制,完全是空想;并且强调秦罢诸侯置县守,是天假其私以行其大公。故说:"两端争胜而徒为无益之论者,辨封建者是也。郡县之制垂二千年而弗能改矣,合古今上下皆安之。势之所趋,岂非理而能然哉?""秦以私天下之心,而罢侯置守,而天假其私以行其大公"(《读通鉴论》卷一)。处在近代史开端时期的进步思想家龚自珍对此同样有精彩的论述,他撰有《答人问关内侯》一文,以分封与统一长期斗争

的大量史实，论证统一是必然趋势。他认为秦汉以来所实行的没有封地的关内侯制度，是防止分裂割据、巩固中央集权的有效措施，故说："汉有大善之制一，为万世法，关内侯是矣。汉既用秦之郡县，又兼慕周之封建，侯王之国，与守令之郡县，相错处乎禹之九州，是以大乱繁兴。封建似文家法，郡县似质家法，天不两立。天不两立，何废何立？天必有所趋，天之废封建而趋一统也昭昭矣。然且相持低仰徘徊二千余年，而后毅然定。何所定？至我朝而后大定。关内侯者，汉之虚爵也。虚爵如何？其人揖让乎汉天子之朝，其汤沐邑之入，稍稍厚乎汉相公卿。无社稷之祭，无兵权，无自辟官属。……我圣祖仁皇帝既平吴耿大逆，虽元功亲王，毕留京师，大制大势皆定，宗室自亲王以下，至于奉恩将军，凡九等，皆拨予之以直隶及关东之田，以抵古之汤沐邑。以汉制准之，则关内侯也。"（《定庵文集·答人问关内侯》）以上贾谊、柳宗元、

二、中华优秀传统文化与马克思主义相契合的内在逻辑

王夫之和龚自珍等人依据客观的历史事实,阐发了周朝实行分封制的时代合理性和诸侯势力膨胀不利于统一的弊病,阐发了封建皇帝推行郡县制出发点的"私"和国家的统一获得保证的结果的大"公"二者的关系,这无疑是中国本土思想家对于历史辩证发展的深刻揭示。

(四)反抗压迫的精神和大同思想与马克思主义对理想社会的追求相契合

马克思主义学说的本质是批判的、革命的、与时俱进的,它揭露千百年来剥削制度的极不合理性,揭露资本主义社会中阶级压迫的残酷,启发无产阶级和劳动大众展开阶级斗争,推翻剥削阶级的国家机器,建立由劳动阶级当家做主的新型的社会主义国家。马克思主义革命学说,体现了人们对理想社会的追求。马克思主义站在人民的立场探求人

中华优秀传统文化何以通向马克思主义

类自由解放的道路,以科学的理论为最终建立一个没有压迫、没有剥削、人人平等、人人自由的理想社会指明了方向。马克思、恩格斯指出:"代替那存在着阶级和阶级对立的资产阶级旧社会的,将是这样一个联合体,在那里,每个人的自由发展是一切人的自由发展的条件。"[①]中华优秀传统文化同样表达了人民大众对理想社会的追求。历代志士仁人同样对残酷的阶级压迫予以深刻的揭露和抨击,他们嫉视邪恶势力、同情民众苦难的言论,同样影响、哺育了20世纪初的进步人物,在他们心中播下反抗和革命的火种。

孔子学说的核心是"仁政",让民众得到利益,安居乐业,他反对暴政,反对残酷剥削、横征暴敛。孔子斥责"苛政猛于虎"(《礼记·檀弓下》)。鲁国执政大夫季氏要改变赋税制度以加重对民众的

[①] 马克思、恩格斯:《共产党宣言》,《马克思恩格斯选集》第一卷,人民出版社2012年版,第422页。

二、中华优秀传统文化与马克思主义相契合的内在逻辑

剥削，孔子以鲜明的态度表示反对。孔子的学生冉有帮助季氏聚敛财富，孔子非常生气，公开表示不再承认冉有是他的学生，要求学生们对他鸣鼓而攻之。《论语》中记载此事说："季氏富于周公，而求也为之聚敛而附益之。子曰：'非吾徒也。小子鸣鼓而攻之，可也。'"（《论语·先进》）孔子主张"薄赋敛则民富"（《说苑·政理》）；明确主张当政者节用去奢，减轻剥削，不过度征用民力影响农业生产，故说："节用而爱人"（《论语·学而》），"因民之所利而利之"（《论语·尧曰》）。孟子发扬了孔子仁政、爱民的思想，他提出了"民贵君轻"的光辉命题，认为应将民众及其利益摆在第一位，而国君则是次要的，故说："民为贵，社稷次之，君为轻。"（《孟子·尽心下》）公开地反对统治者恣意作威作福，老百姓备受奴役、当牛做马的不合理社会秩序，成为后代志士阐发民权主张的思想源泉。孟子还倡言民众推翻祸国殃民的暴君是天然合法的，

"贼仁者谓之'贼',贼义者谓之'残'。残贼之人,谓之'一夫'。闻诛一夫纣矣,未闻弑君也。"(《孟子·梁惠王下》)先秦其他典籍中也有不少关注民众苦难、反抗压迫、痛斥暴君民贼的记载。《诗经》中将贪残地剥削民众的统治阶级形象地比喻为硕鼠,受害的民众发誓彻底要逃离他去寻找幸福生活:"硕鼠硕鼠,无食吾黍。三岁贯汝,莫我肯顾。誓将去汝,适彼乐土。"(《诗经·魏风·硕鼠》)《左传》中记载,鲁昭公被季氏驱逐出境,死在国外。晋国的赵简子问史墨:"季氏出其君,而民服焉,诸侯与之;君死于外,而莫之或罪也。"史墨说:"鲁君世从其失,季氏世修其勤,民忘君矣,虽死于外,其谁矜之?社稷无常奉,君臣无常位,自古以然。故《诗》曰:'高岸为谷,深谷为陵。'三后之姓,于今为庶,主所知也。"(《左传·昭公三十二年》)史墨认为没有永恒不变的统治秩序,不受民众拥护的国君,民众随时可以抛弃他。《国

二、中华优秀传统文化与马克思主义相契合的内在逻辑

语》中的一段记载与此正相类似。晋国人把暴虐的晋厉公杀了,鲁成公问:"臣杀其君,谁之过也?"大夫里革说:"君之过也。夫君人者,其威大矣。失威而至于杀,其过多矣。"(《国语·鲁语上》)孟子、史墨、里革所表达的,是春秋战国时期进步人物颇为共同的政治观念,这与后来封建专制主义强化时期"皇上圣明,臣子罪该万死"的观念是相对立的。

先秦思想家反对压迫、抗议暴政的精神被后代进步思想家所继承。贾谊通过总结秦末农民起义推翻暴虐政权的历史经验,认识到民众的力量,他论述道:"故国以民为安危,君以民为威侮,吏以民为贵贱。此之谓民无不为本也。""故自古至于今,与民为仇者,有迟有速,而民必胜之。"(《新书·大政上》)他深切同情封建剥削给人民造成的苦难,用"抱火处于积薪之下而寝其上"来形容国家的形势,自己因忧国忧民而"痛哭""流涕""长

太息"。他认为构成国家潜在威胁的不但有藩国割据和匈奴入侵,还有剥削阶级"以侈靡相竞"的风尚。他说:"今背本而趋末,食者甚众,是天下之大残也;淫侈之俗,日日以长,是天下之大贼也。残贼公行,莫之或止;大命将泛,莫之振救。生之者甚少而靡之者甚多,天下财产何得不蹶!汉之为汉几四十年矣,公私之积犹可哀痛。失时不雨,民且狼顾;岁恶不入,请卖爵、子。……兵旱相乘,天下大屈,有勇力者聚徒而衡击,罢夫羸老易子而咬其骨。政治未毕通也,远方之能疑者并举而争起矣,乃骇而图之,岂将有及乎?"(《汉书·食货志上》)在这里贾谊揭露了剥削者对社会财富严重浪费造成人民遭受饥寒,令人震惊地预示着社会动乱的危险前景。汉初另一位进步思想家晁错也指出因政府赋敛沉重而造成农民破产流亡的严重社会问题,他说:"(农夫)勤苦如此,尚复被水旱之灾,急政暴赋,赋敛不时,朝令而暮改。当具有者半贾

二、中华优秀传统文化与马克思主义相契合的内在逻辑

而卖,亡者取倍称之息,于是有卖田宅、鬻子孙以偿责者矣。"(《汉书·食货志上》)东汉后期思想家王符则指出治本者少,浮食者众,法令严苛,役赋繁重,百官扰民,是社会致乱的根源:"是则一夫耕,百人食之,一妇桑,百人衣之。以一奉百,孰能供之?天下百郡千县,市邑万数,类皆如此。本末何足相供?则民安得不饥寒?饥寒并至,则安能不为非?"(《潜夫论·浮侈》)"乃君不明,则百官乱而奸宄兴,法令鬻而役赋繁,则希民困于吏政,仕者穷于典礼,冤民就①狱乃得直,烈士交私乃见保,奸臣肆心于上,乱化流行于下,君子载质而车驰,细民怀财而趋走。"(《潜夫论·爱日》)东汉末思想家仲长统更触目惊心地描绘出封建王朝周期性危机的图景,其创业者凭借勇力取得政权,至其

---

① 按,此《潜夫论·爱日》篇中"就"字,在传本中已阙失难稽,作空格处理。明代程荣本据《汉书·田延年传》有"通往就狱,得公议之"之言,补为"就"字。意为受冤者赴司刑狱官员讼冤,请求公平处理。

继位者却自以为不可一世,因而贪欲无度,君臣交恶,对民众残酷剥削榨取,敲骨吸髓,最后导致土崩瓦解的局面,政权的更迭周而复始,这几乎成为一种规律。故说:"彼后嗣之愚主,见天下莫敢与之违,自谓若天地之不可亡也,乃奔其私嗜,骋其邪欲,君臣宣淫,上下同恶。……使饿狼守庖厨,饥虎牧牢豚。遂至熬天下之脂膏,斫生人之骨髓。怨毒无聊,祸乱并起。中国扰攘,四夷侵叛。土崩瓦解,一朝而去。昔之为我哺乳之子孙者,今尽是我饮血之寇仇也。……存亡以之迭代,政(治)乱从此周复,天道常然之大数也。"(《后汉书·仲长统传》)这是仲长统根据自身对东汉末社会矛盾极度激化的深刻观察,结合对秦、西汉两朝由兴盛到覆亡的历史经验的总结,做出的具有重要意义的概括,直接启发人们从历史演变规律性的高度,认识到封建政治败坏、剥削阶级肆无忌惮榨取民众、社会矛盾极度激化,最终王朝覆灭的必然性。

二、中华优秀传统文化与马克思主义相契合的内在逻辑

清初思想家处于封建社会的末期,对于种种黑暗腐朽的社会情状感受更加强烈,尤其是他们亲身经历了明朝灭亡、清兵入关的"天崩地解"的大事变,更加深刻地认识到封建专制统治是社会的最大祸害。黄宗羲的《明夷待访录》便是愤怒声讨封建专制主义罪恶的战斗檄文,直斥"为天下之大害也,君而已矣"。他说:"凡天下之无地而得安宁者,为君也。是以其未得之也,屠毒天下之肝脑,离散天下之子女,以博我一人之产业,曾不惨然!曰:'我固为子孙创业也。'其既得之也,敲剥天下之骨髓,离散天下之子女,以奉我一人之淫乐,视为当然,曰:'此我产业之花息也。'然则为天下之大害者,君而已矣!"(《明夷待访录·原君》)唐甄所著《潜书》也爆发出"自秦以来,凡为帝王者皆贼也"的强烈抗议,他说:"盖自秦以来,屠杀二千余年,不可究止。嗟乎!何帝王盗贼之毒至于如此其极哉!"(《潜书·全学》)"杀一人而取其

匹布斗粟，犹谓之贼；杀天下之人而尽有其布粟之富，而反不谓之贼乎！……若过里而墟其里，过市而窜其市，入城而屠其城……天下既定，非攻非战，百姓死于兵与因兵而死者十五六。暴骨未收，哭声未绝，目眦未干。于是乃服衮冕，乘法驾，坐前殿，受朝贺，高宫室，广苑囿，以贵其妻妾，以肥其子孙。彼诚何心，而忍享之！若上帝使我治杀人之狱，我则有以处之矣。……有天下者无故而杀人，虽百其身不足以抵其杀一人之罪。"（《潜书·室语》）黄宗羲和唐甄都把猛烈批判的锋芒指向封建专制制度，以确凿的史实揭露专制君主是天下百姓两千年来蒙受种种灾难的祸端，昭示人们铲除这灾祸的总根源乃是"顺乎天而应乎人"的正义事业！他们的战斗呐喊爆发在封建末世，尤其具有警醒的意义和号召的力量。到了嘉道时期，即鸦片战争前夕，封建统治更加病入膏肓，龚自珍进一步揭露专制君主仇视、摧残天下之士的实质，指斥封

二、中华优秀传统文化与马克思主义相契合的内在逻辑

建皇帝是"霸天下之氏",对"众人震荡摧锄"以建立其淫威,"其力强,其志武,其聪明上,其财多,未尝不仇天下之士,去人之廉,以快号令,去人之耻,以嵩高其身。一人为刚,万夫为柔,以大便其有力强武"(《定庵文集·古史钩沉论一》),并且发出"居民上,正颜色,而患不尊严,不如闭宫庭"(《定庵文集·乙丙之际塾议第二十五》)的呐喊。龚氏的挚友魏源也警告道,由于统治集团昏聩无能,社会问题千疮百孔,国家的精气被扼杀殆尽,日益沦于穷困处境的民众随时有爆发反抗的危险:"稽其籍,陈其器,考其数,诹诸百执事之人,卮何以漏?根何以蠹?高岸何以谷?荃茅何以莸?堂询诸庭,庭询诸户,户询诸国门,国门询诸郊野,郊野询诸四荒,无相复者;及其复之,则已非子、姬之氏矣。"(《魏源集·默觚下·治篇十一》)龚、魏的言论,预告了时代剧变行将到来!到了20世纪初叶,中国社会处于帝国主义侵略、封建势力

压迫、军阀混战造成的重重灾难交织之下，长期郁积不满和反抗意识的先进人物，一经马克思主义阶级斗争学说的照耀，必然带领民众走上武装革命、争取解放的道路。

阶级社会中普遍存在的残酷压迫、剥削，民众饥寒交迫以至转死沟壑的苦难景象，促进进步思想家在揭露黑暗现实的同时，一再产生解救民众于苦难之中，铲除压迫、剥削和仇恨，使人人得以安居乐业的美好憧憬。古代儒家经典中所描绘的"大同"境界是最受人称道的，如"博施于民而能济众"(《论语·雍也》)、"达则兼济天下"(《孟子·尽心上》)等政治抱负。发展到《礼记》更是构想了一个"天下为公"，没有压迫、剥削，没有战争、掠夺、欺诈，人人互相关心，男女老少得以安乐生活的理想社会："大道之行也，天下为公，选贤与能，讲信修睦，故人不独亲其亲，不独子其子。使老有所终，壮有所用，幼有所长，矜寡废疾者皆有

二、中华优秀传统文化与马克思主义相契合的内在逻辑

所养。男有分，女有归。货恶其弃于地也，不必藏于己；力恶其不出于身也，不必为己。是故谋闭而不兴，盗窃乱贼而不作。故外户而不闭。是谓大同。"(《礼记·礼运》)书中称这段话是孔子的描述，并且说大同境界在三代时已经出现过，而现在社会倒退到"天下为家，各亲其亲，各子其子，货力为己"的"小康"社会。其实，《礼记》称"大同"社会早先已经实现过，乃是处于充满阶级压迫的现实的不合理社会中渴望达到"大同"理想的一种表达。人类社会最初曾经历过原始共产主义阶段，那时没有阶级没有剥削，无财产私有观念，但社会生产力低下，物质匮乏，远非"大同"时代；但是社会发展阶段有过的人人平等、财产公有却给人们留下珍贵的印象，于是借此构建起"大同"理想，作为对抗现实的不合理的精神力量。另一部儒家经典《公羊传》对"太平世"的描绘，也表达了对未来美好社会的憧憬。春秋公羊家用据乱—升平—太平

的"三世说"表达社会进化的思想:"于所传闻之世,见治起于衰乱之中,用心尚麤觕,故内其国而外诸夏……于所闻之世,见治升平,内诸夏而外夷狄……至所见之世,著治太平,夷狄进至于爵,天下远近小大若一。"(《春秋公羊解诂》鲁隐公元年何休注文)公羊家言太平世,描绘出天下远近小大若一,各民族间没有隔阂、没有战争,平等友好相处,共同享有幸福生活的理想世界。春秋公羊家的"太平世"设想,与《礼记》的"大同"理想可以互相补充、互相发明,同样是古代哲人处于充满压迫、剥削、征伐等的不幸时代,对于美好未来的渴求,而公羊家的"三世说"以符合历史发展逻辑的顺序来设计理想社会,又有其特殊的理论价值。

历代农民起义者也每每用"太平""平均"来表达追求平等、幸福社会的愿望,至近代太平天国起义更颁布《天朝田亩制度》,号召建立"有田同耕,有饭同食,有衣同穿,有钱同使,无处不均

二、中华优秀传统文化与马克思主义相契合的内在逻辑

匀,无人不饱暖"的理想社会。中国历代优秀人物和人民大众如此痛恨人剥削人的制度,长期追求"大同"社会而不能实现,至近代由于饱受帝国主义侵略和封建主义压迫,人民大众苦不堪言。在这种背景下,当先进人物从马克思主义的著作中,读到经由无产阶级革命建立社会主义,最后实现"各尽所能,按需分配"的共产主义制度的学说时,自然欣喜地接受,并且满怀热情地投入斗争,希望在马克思主义指引下,解救民众的苦难,最后达到人类彻底解放的理想社会。

(五)对于推进理论认识的意义

深入地探讨传统思想中的精华何以通向马克思主义,对于认识中国社会的发展进程、革命事业不断取得胜利的原因,以及当前马克思主义中国化之新飞跃,推进"马克思主义基本原理与中华优秀传

中华优秀传统文化何以通向马克思主义

统文化相结合"的伟大事业,显然具有十分重大的意义。

首先,深刻地认识中国传统思想的发展方向符合于人类文明大道的前进方向。中国传统思想是在特定历史环境下形成和发展的,有自己的民族特性、思维方式、概念、命题和内涵等。对此,我们应当承认中国传统思想的独特性并且对其恰当地估价。与此同时,我们又不应当过分地夸大中国传统思想的独特性,绝对不能认为中国传统思想与人类文明发展脱节或偏离,恰恰相反,二者的基本精神和原则是互相呼应、互相发明的。中国传统思想固然明显地具有自己的学说体系和特点,但是,如同我们在前面分别论述的,其唯物主义的思想资源,辩证的、发展的观点,历代志士仁人反抗压迫、同情民众苦难的精神,以及先哲们大同社会的理想,都是与西方文化的优秀成果相通的。中国优秀传统思想并没有离开人类文明的发展大道,作为人类优

二、中华优秀传统文化与马克思主义相契合的内在逻辑

秀遗产的直接继承者马克思主义就当然地与中国传统思想的精华相贯通,容易为先进的中国人所接受。对中国人来说,马克思主义学说虽然是从西方传入的,但它又完全不同于其他的舶来品。马克思主义从其创立之时,就包含着能为中国人自然地接受的思想品格。

其次,进一步认识马克思主义中国化和创造性发展的深刻意义。五四以后,马克思主义在中国获得迅速传播。一方面,根源于中国的社会矛盾、阶级矛盾极其尖锐复杂,近代以来曾经提出过的种种救国方案统统失败,采用马克思主义作为指导思想成为唯一的选择;另一方面,传统文化中的宝贵遗产提供了接受马克思主义的思想基础和内在动力。因此,马克思主义传入中国以后,能够很快地扎根,由此而形成与中国文化特点相结合、符合中国国情的毛泽东思想。中国化的马克思主义,指导中国人民夺取了民主革命的最终胜利。今天,中国共

中华优秀传统文化何以通向马克思主义

产党又结合新的时代条件将马克思主义普遍原理创造性地发展,成功地制定了建设社会主义的纲领、方针和政策。马克思主义的基本原理如此与中国传统思想的精华如此深刻地相契合,无疑是马克思主义中国化的伟大事业在过去一百年中与时俱进地发展,一直保持旺盛生命力的重要原因。

最后,进一步认识中国马克思主义史学理论的创造性特点及其科学价值。中国古代史学家视修史为裨益于国家治理和民族文化传承的崇高事业,历史著作极其丰富。古代史学在民族文化价值观的指导之下,运用唯物主义的思维方式和辩证、发展的观点观察、总结历史问题,有非常显著的成就,形成了优良的传统。司马迁以"究天人之际,通古今之变,成一家之言"作为其著史的宗旨,并对经济生产活动不仅制约人类历史的演进,而且本身具有法则性这一根本问题提出了精彩的论断,柳宗元论述分封并非圣人之意,郡县制战胜分封制存在客观

二、中华优秀传统文化与马克思主义相契合的内在逻辑

的必然性,王夫之论述历史的"理"存在于历史演进具体的"势"中,"势"不断发展,"理"也将不断变化。龚自珍、魏源处于清朝末期,敏感地认识到社会已面临巨大变局,呼吁必须大力"变革""除弊",黜除空疏学风,关心现实问题,并进而倡导了解外国、学习西方先进事物。这就证明中国古代史学的优秀理论遗产,成为五四时期进步学者接受唯物史观的桥梁。事实正是如此,在20世纪20年代传播唯物史观的热潮中,进步的历史学者恰恰站到了最前列。李大钊从小熟读经史,饱受其中人民性、民主性精华的浸润,由于受到辛亥革命前后严酷政治环境的刺激,很快地由激进的民主主义而转向初步的共产主义。他是杰出的革命家,又是最早在中国传播唯物史观并产生了巨大影响的人物。他系统地阐述唯物史观的基本原理,建构了新的史学理论体系,并且提出每一时代史家应根据新的史观、新的体验"改作历史"的问题。在其后不久展

开的中国社会史大论战中,进步学者运用唯物史观作指导,分析中国现实社会性质,并根据当时掌握的文献资料提出对中国古代社会史的认识,经受住了时间的考验,足以证明其真知灼见。长达十年的论战显示了中国唯物史观学者从一开始就坚持革命性和科学性相统一的正确方向。为中国马克思主义史学的建立作出卓越贡献的老一辈的马克思主义史学家在撰写史著的同时,都高度重视理论创造。郭沫若有志于撰写《家庭、私有制和国家的起源》的续篇;范文澜从事中国通史研究,旨在探索中国历史与人类历史的共同性和特殊性;侯外庐撰著了《中国古代社会史论》和《中国思想通史》,也为自己提出了在唯物史观指导下探讨中国历史独特发展道路的任务。20世纪60年代,郭沫若、范文澜、翦伯赞等人都倡导在唯物史观指导下百家争鸣,坚决反对"左"的思想、捍卫史学的科学性。新时期以来,广大史学工作者勇于肃清教条主义的恶劣影

二、中华优秀传统文化与马克思主义相契合的内在逻辑

响,既坚持唯物史观的指导,又对外开放、吸收西方新学理,创造性地阐释中国历史发展的问题,从事新的理论创造。中国马克思主义史学理论的发展道路,是运用唯物史观探索中国的历史实际并不断前进的道路,是坚持革命性与科学性相结合的正确的道路,是勇于摒弃错误、不断向更高的理论高峰攀登的道路。这种科学探索精神和宝贵的学术品格能够不断发扬光大,与我们的先哲留给我们的优秀文化遗产有着密切的关系。中国历史极其悠久、幅员十分辽阔、人口众多、历史进程内容无比丰富,在历史理论领域,以往一个世纪取得的创造性成果和今后将要取得的新成果,无疑都是中国学者对于人类历史理论宝库的积极贡献。

三

展现中华文化独特魅力的新视角

中华文化的优良传统是我们民族的血脉，也是今天实现民族伟大复兴的强大精神动力。在当前激烈的国际竞争中，我们要立于不败之地，就必须不断提高国家的文化软实力，大力弘扬优秀的传统文化，增强民族自信心，激发民族伟大的创造力。习近平同志说："提高国家文化软实力，要努力展示中华文化独特魅力。""要系统梳理传统文化资源，让收藏在禁宫里的文物、陈列在广阔大地上的遗产、书写在古籍里的文字都活起来。"[①] 因此，在当

[①]《人民日报》2013年12月31日。

前,努力展现中华文化的独特魅力,既有重大的学术价值,又有重大的现实意义。要实现这一目标,历史学科负有光荣的任务,且具有独特的优势。原因有两个:第一,史学是文化的重要载体,古代优秀文化传统、历代志士仁人的卓越建树,大多是靠历代史籍记载下来的。第二,传统史学源远流长,高度发达。形成了三大特点:历史记载长期连续,史书内容极其丰富,史书体裁形式多种多样。古代史家这种重视传承又勇于创新的精神,本身就是留给后人的一笔宝贵的思想财富!我们要努力做好发掘、整理的工作,从历史学这一新视角系统梳理文化资源,让史籍中记载的珍贵内容都活起来,展现中华文化的独特魅力,并且推动中国学术走向世界!

三、展现中华文化独特魅力的新视角

(一) 深入发掘古代史学著作所蕴含的深刻哲理和高度智慧

中国古代史书体裁的丰富多样,体现出中华文化的博大精深。《四库全书总目》将史书体裁区分为 15 类:正史、编年、纪事本末、别史、杂史、诏令奏议、传记、史钞、载记、时令、地理、职官、政书、目录、史评。而几乎每一种体裁都经过了长期发展,并产生了优秀作品。正如梁启超所言:"中国于各种学问中,惟史学为最发达。史学在世界各国中,惟中国为最发达。"① 更加令世人叹服的是,中国历史记载的长期连续,成为中华文明五千多年不竭的创造力的明证。拿几个文明古国来说,古代希腊有著名的历史著述,后来没有了。古代埃及几经波斯人、希腊人、罗马人灭亡,这期间

---

① 梁启超:《中国历史研究法》,《饮冰室合集》专集之七十三,中华书局 1989 年版,第 9 页。

没有自己的历史著述。埃及古代史上有许多无法解决的疑问，连著名的《伊普味陈辞》究竟是说明古王国末期还是中王国末期的情况，至今学者都弄不清楚。古代印度只有宗教经典和传说，几乎没有历史记载。

外国学者高度赞誉中国历史记载的世代相续、绵延不断。黑格尔将古代印度几乎没有历史记载与中国典籍的丰富相对比，感叹说："中国人具有最准确的国史……中国凡是有所设施，都预备给历史登载个仔细明白。印度则恰好相反。"① 弗朗斯瓦·魁奈同样赞誉中国史书编纂的传统："历史学是中国人一直以其无与伦比的热情予以研习的一门学问。没有什么国家如此审慎地撰写自己的编年史，也没有什么国家这样悉心地保存自己的历史典籍。"② 著名的科技史家李约瑟在其《中国科学技术

---

① 黑格尔：《历史哲学》，王造时译，三联书店1956年版，第204页。
② 弗朗斯瓦·魁奈：《中华帝国的专制制度》，谈敏译，商务印书馆1992年版，第57页。

三、展现中华文化独特魅力的新视角

史》第一卷中称中国是"最伟大的有编纂历史传统的国家之一","尽管朝代的称号不断变化,但每一朝代都有史官专门记载不久前发生和当代发生的事件,最后编成完整的朝代史。这些史书表现的客观性和不偏不倚的态度值得赞扬"①。

从黑格尔到李约瑟等诸多外国学者对中国历史编纂给予盛赞,每一个中国人都应为此感到自豪。他们赞扬中国人对历史记载的饱满热情和高度重视,赞誉中国历史记载的长期连续和高度准确,赞扬历史文献在中国受到悉心保护和史官所持的审慎、客观的态度;而且外国学者是从中国与其他国家的比较中得出的认识,由此道出中国文化具有的特质。我们难道不应该以开拓创新的精神,对这样具有重要价值的中国历史编纂学发展史,做深入的发掘和总结吗?

---

① 李约瑟:《中国科学技术史》第一卷,中华书局香港分局 1975 年版,第 153—154 页。

中华优秀传统文化何以通向马克思主义

不仅如此,这项研究工作更加深层的意义在于:我们站在当今时代高度,除了总结中国古代历史记载的长期连续、制度的严密和文献价值的宝贵以外,还要大力进行创造性的阐释,发掘出古代中国历史编纂学所蕴含的创造的力量、深刻的哲理和高度的智慧,由此进一步展示中国传统文化的独特魅力。

例如,对于《史记》这部古代史学著作,我们从历史编纂学的视角,能对其杰出成就进行许多极具价值的新探索,并且做出具有中西学理融通意义的新概括。首先,司马迁创立的体裁实现了中国史学的巨大飞跃,其深远影响长达两千多年。先秦主要史书体裁是编年体,司马迁继承了其年代线索清晰、叙事简洁的优点,克服了其记载范围不够广阔、一事前后隔越数卷的缺点,而创立了"五体"结合的纪传体裁,容量广阔,诸体配合。在内容上,贯彻了"通古今之变"的指导思想,从五帝时

三、展现中华文化独特魅力的新视角

代一直写到"今上"汉武帝。本纪是全书的纲领，记载政治、经济、军事等各项大事，其余各篇表、书、世家、列传都围绕本纪展开，作为对本纪的补充。各个部分互有分工，而又有机结合，使全书成为一个整体，因而被后代史家称为著史之"极则"。今人史学评论文章中每每提出要"宏大叙事""全景式著史"，或许《史记》的体裁和内容才足以真正与之相符。

其次，司马迁的体裁创造，又包含着深刻的哲理思考。《史记》"五体结合"的史书形式能够成立的内在根据是什么？其成功的奥秘又在哪里？其根据和奥秘，就是多维度、多视角、多方位地观察和叙述历史。换言之，司马迁苦心擘画，其著史目的是要使读者明了事件发生、演变的年代先后，了解历史变局的因果关系，睹见人物这一历史创造主体的活动和风采，同时又能使读者知晓治理国家和传承文明所依赖的各种典章制度和复杂的社会情状。"多维度历史视野"是一种抽象和概括,以此可以更清晰地揭示出:司马迁在哲理高度和认识本原上,发现、掌握了再现客观历史进程的根本要领和途径。这是司马迁杰出创造才能在哲学思维上的体现,是笼罩《史记》全书的哲学光华。唯其成功地运用了多维度历史视野,而非单线式、单角度的观察,他呕心沥血著成的《史记》才为我们展现了华夏民族有史以来全景式的、丰富生动的画卷,令读者百读不厌,感悟奋起!正因为"多维度历史视野"符合从广度和深度再现客观历史进程的需要,因此《史记》体裁不仅成为传统史家著史之"极则",而且在进入20世纪以后,成为梁启超、章太炎设计以"新综合体"撰著中国通史的原型,他们共同地继承了《史记》诸体配合、容量广阔的格局,在此基础上根据时代的需要加以改造和再创造。同样极具启发意义的是,1956年旅美学者邓嗣禹先生在其撰写的文章中,还提出可以依照《史

三、展现中华文化独特魅力的新视角

记》的体裁纂修一部美国史①。这些事例生动地证明了：司马迁"多维度历史视野"在哲理上具有宝贵的价值，因而影响极其深远！

最后，《史记》以记载人物活动为中心，是对人在创造历史活动中的作用的充分肯定。《史记》共130卷，传记占了70卷之多，记载了文臣武将、谋士能吏、学者说客，以及游侠、刺客、医生、卜者、滑稽倡优、工商业者等各阶层人物。司马迁以生动而饱含感情的笔触，记述他们的语言、行事活动，塑造他们栩栩如生的性格。其中如记载伍子胥、信陵君、廉颇、蔺相如、屈原、聂政、荆轲、苏秦、张仪、李斯、萧何、韩信、张良、樊哙、刘敬、叔孙通、周勃、周亚夫、李广、汲黯等人物的篇章，令读者千载之后读之，人物犹活现于眼前。列传既有贯通全书的成熟、严谨的体例，又根

---

① 参见邓嗣禹：《司马迁与希罗多德之比较》，《历史语言所研究集刊》第28卷上，1956年版。

据需要灵活运用各种叙事手法。《李斯列传》即为典型篇章，此篇无论从李斯对历史进程的影响，还是从记载史实的复杂程度而言，在七十列传中都占据着重要地位。如何撰写此篇，司马迁尤其做了苦心经营。前半篇，集中记载李斯入秦前后的行事，而到了后半篇史家记述的格局却发生明显变化。原因何在？这是因为，此前所记主要是李斯本人的活动，而后面则是李斯、赵高、秦二世三人的所为纠集在一起，史家组织材料的方法就由单线条变为多线条结合。后半篇的内容超出了李斯本人的传记，记载了李斯、赵高、秦二世三人在秦帝国晚期阴谋策划、倒行逆施，最终覆灭的下场。既写了李斯应负的历史罪责，又刻画了阴谋家赵高、暴君秦二世的面目。李斯后期的所作所为自然是其原先性格、行事在新的条件下的发展，而赵高和秦二世二人是最终葬送秦皇朝的祸首。由于无法单独写此二人，也无法将此二人放在《秦始皇本纪》中去写，

三、展现中华文化独特魅力的新视角

而其行事与李斯紧密联系，因此司马迁采取多线条结合的手法，将二人所作所为集中记载于此。司马迁这种剪裁和组织手法不但巧妙，而且使历史画卷内容更加丰富，情节曲折动人，并且寓含极其深刻的教训。《李斯列传》是以李斯的活动为主线，而为了再现秦王朝最后覆亡之历史的需要，司马迁又有意突破个人传记写法的常轨，采取多线条结合的写法，让此篇与《秦始皇本纪》互相配合，以完整地呈现秦王朝是如何由成功的顶点，经由赵高、秦二世、李斯之手而迅速灭亡的！明代学者茅坤即评论说："此是太史公极用意文，极得大体处。学者读《李斯传》，不必读《秦纪》矣。"(《史记钞》卷55）而对于记载人物经历不太复杂的传记，如《蒙恬列传》《刘敬叔孙通列传》等，司马迁也有巧妙、周密的安排，做到主线清楚，又通过恰当的烘托手法，生动地展现人物的性格、行事，表明人物对时代的影响。总体来说，《史记》中无论是鸿篇巨制还是所载内容不甚复杂的篇章，司马迁无不匠心独运，力求达到内容和形式的尽善尽美。他从再现历史进程的需要出发，既有通盘考虑的严密体例，又在具体运用上根据情况灵活变通，在必要时突破成例，因而被章学诚誉为"体圆而用神"（《文史通义·书教下》）。

（二）体裁发展的动力源于史家创造精神

中国史家在历史编纂上的创造精神，又体现于不同时期史家对同一体裁的运用，并非一成不变，而是因时制宜，加以发展，加进新内容。以下仅举出若干典型事例加以证明。

譬如，《史记》所创立的体裁历代最为重视，称为"正史"，被历朝历代长期效法。但实则此后的纪传体经历过三次重要的创造。一是东汉初班固撰成《汉书》，改变司马迁的纪传体通史为纪传体

三、展现中华文化独特魅力的新视角

断代史，并且去掉"世家"，因而实现了意义重大的创造，这种以朝代的兴废为起讫、详一代之治乱的编纂形式，恰恰与中国历代封建王朝周期性更迭的现象相适应，因而为后代正史纂修者沿用。二是陈寿著《三国志》，他记载的对象是东汉末全国统一局面遭到破坏之后出现的魏、蜀、吴三国历史。它们合起来代表着一个历史时期，并且鼎峙的三国互有密切的关系，三国虽是分立的政权，但是全国统一过程中出现的短时期的分裂，至西晋建立全国又重归统一。因此陈寿不将三国各立一史，而是同置于一书之中，既要写出三国的兴灭，又要写三国彼此之间的紧密关系。正如白寿彝先生所说，陈寿"对三国历史有一个总揽全局的看法和处理"。"他以曹魏的几篇帝纪提挈这一时期的历史上的大事，又分立魏、蜀、吴三书以叙三国鼎立的发端、发展及结果"①。由此可知,《三国志》的体裁又是一个出色的创造,既如实记载了三国的分立,又体现出在全中国大格局之内经过暂时分裂而最终走向统一这种历史的实质和发展趋势。至唐初修《晋书》,在全书纪传体总格局之内,设立"载记"三十篇,分国记述前赵、后赵、前燕、前秦、后秦、成汉、后凉、后燕、西秦、北燕、南凉、南燕、北凉、夏等十四个政权,它们基本上都是五胡所建,形成短暂割据的纷乱局面。唐代实现了历史上空前规模的统一,《晋书》的编纂贯彻了唐太宗华夷一家的思想,为加强国家统一观念,在三十篇"载记"中,只称"僭伪",不辨华夷,以示四海一家。"载记内容,既具本纪之纲领,复有列传之委曲,且穿插典章经制和重臣行事,完整地叙述了各族首领在中原割据兴亡之史事,完满地解决了汉族中心与胡族

---

① 白寿彝:《陈寿与袁宏》,《中国史学史论集》,中华书局1999年版,第158页。

三、展现中华文化独特魅力的新视角

割据兴亡始末并载一史的难题,无疑是一大独特的创造"①。三是唐贞观年间由李延寿撰成的《南史》《北史》。这两部书是在《宋书》《南齐书》《梁书》《陈书》《魏书》《北齐书》《周书》《隋书》八书的基础上编纂而成。李延寿"依司马迁体","编次别代,共为部秩","除其冗长,撷其菁华",打破八书各记一朝、各自为书的界限,而贯通南北各朝,总为二史,因而在纪传体史书体系中别开生面地创立了记载一个历史时期通史的独特体裁。李延寿"不但继承司马迁创立的纪传体,而且继承了司马迁开创的通史家风。南北史的编纂特点,是不以一朝为断限,而是总括贯穿南北各朝,以整个南北朝历史时期为断限;也不是站在某一王朝的立场上,而是站在全国统一的立场上,将南北各朝作为一个整体来记述"。这是"隋唐以来民族融合、'海内为

---

① 张大可、彭久松:《晋书》,仓修良主编《中国史学名著评介》第一卷,山东教育出版社1990年版,第413页。

家,国靡爱憎,人无彼我'的统一局面在史学上的反映"①。在南北朝对峙时期,"南书谓北为'索虏',北书指南为'岛夷'",至此局面完全改观。其后,《史通》《旧唐书·经籍志》等载录史籍,均列《南史》《北史》为通史。由于将南朝、北朝都作贯通的记载,因而在内容和篇目上减少了许多重复,原来头绪纷繁之史,也变得比较简明易读了。

以下再举出编年体、纪事本末体演进过程中显示出史家非凡创造力的例证。同是编年体,《春秋》记载简略,只有简单的事目,而《左传》则是一部记载翔实、生动的春秋史,它记述了包括事件、制度、氏族、社会生活等的广泛内容,而且有人物的活动,如齐桓公、晋文公、郑子产等的活动。但《左传》的缺点是体例庞杂,对于无年可考或不便于分散于年月之下的史事没能做出适当的安排。荀

---

① 高国抗:《南史和北史》,仓修良主编《中国史学名著评介》第一卷,第431—432页。

三、展现中华文化独特魅力的新视角

悦《汉纪》依据《汉书》的内容做了改编,而创立了编年体断代史这一成熟的体例。"《汉纪》对于主要的史事是一律按照年月日顺序来安排的。它对于无年月可考或不便分散于年月之下的史事,作为补充的记事,用连类并举的方法作一些安排。"① 经过荀悦成功的改编、重写,《汉纪》克服了《汉书》"文繁难省"的缺点,被刘知几誉为"历代宝之,有逾本传"。北宋司马光在其助手刘攽、刘恕、范祖禹帮助下完成的《资治通鉴》,记载内容上起战国,下迄五代,合1362年史事为一书,共计294卷,更是一部空前的编年体通史巨著。《资治通鉴》改变了以往编年体史书只能断代为史的狭小规模,如学者所赞誉的,"编年之史,备于司马氏"(胡应麟:《史书占毕》卷1),"此天地间必不可无之书,亦学者必不可不读之书也"(王鸣盛:《十七商榷》卷100)。在相当长时间内,有不少史家尝试过改变

---
① 白寿彝:《中国史学史论集》,中华书局1999年版,第127页。

班固以后断代为史相沿成习的格局,创作贯通古今的通史。南北朝时有《通史》《科录》的撰修,刘知几曾发愿对旧史"普加厘改",杜佑《通典》叙述历代典章制度的沿革,都是想朝着这个方向去努力。司马光是在北宋时期经济文化进一步发展的基础上,通过19年艰苦努力,耗尽心血,才完成了这样一部巨著。自从有了《资治通鉴》这部杰作,曾经一度中衰的编年体史书体裁得以重振雄风,令人刮目相待。清人浦起龙曰:"上起三国,下终五季,弃编年而行纪传,史体偏缺者五百余年,至宋司马氏光始有《通鉴》之作,而后史家二体,到今两行,坠绪复续,厥功伟哉!"(《史通通释》卷12)从内容上说,《资治通鉴》按年月日记载了千余年错综复杂的历史事件的发生、发展和结束,记述了历史人物,记述了典章制度,记述了各种议论,内容丰富翔实;不仅"在政治、军事、经济、文化方面的记载比较详尽而真实,反映了中国古代

三、展现中华文化独特魅力的新视角

历史发展的基本面貌",而且"还具有很高的史料价值"①。因而人们将司马光的成就与司马迁相提并论,将二人并称为"前后两司马"。

(三) 时代剧变推动历史编纂的新创造

进入近代以后,历史编纂的运用和创造翻开了新的一页。由于御侮图强、了解外部世界成为紧迫的时代课题,历史编纂学作为社会意识形态的一部分,就必须反映时代要求,在内容和格局上实现跨越和突破。魏源极其敏锐地感受到时代的迫切需要,他明确地提出"地气天时变,则史例亦随世而变"(《海国图志》卷5《东南洋一·叙东南洋》),表现出过人的智慧,自觉地把实现历史编纂的革新作为自己的目标,因而他既能成功地继承传统,又勇于超越传统。他对传统的典制体加以改造,充分

---

① 陈光崇:《资治通鉴》,仓修良主编《中国史学名著评介》第二卷,山东教育出版社1990年版,第21页。

发挥其容量广阔、灵活设立志目的特点，大量介绍当时国人所急迫需要的外国史地及社会制度知识，同时灌注了呼吁抗击侵略的新内容，纂成《海国图志》，不仅风行海内，而且远传日本。此后，徐继畬、黄遵宪、王韬同样用改造了的典制体，分别纂成《瀛寰志略》《日本国志》《法国志略》，在新的时代条件下一再表现出中华民族的文化创造力，并为19世纪与20世纪之交"新史学"思潮的涌起准备了条件。

魏源《海国图志》初稿五十卷本成书于道光二十二年（1842）12月，时距南京条约签订才四个月。后于道光二十七年（1847）增订为六十卷，咸丰二年（1852）再次增订为一百卷。全书包括论（《筹海篇》一至四）、图（各国沿草图）、志（志东南洋海岸各国、志东南洋各岛、志大西洋欧罗巴各国、志北洋俄罗斯国、志外大洋弥利坚等）、表（西洋各国教门表、中国西洋纪年表等）以及

三、展现中华文化独特魅力的新视角

附录(《夷情备采》《器艺货币》等)。黄遵宪《日本国志》是他在驻日使馆参赞任上创稿的。光绪八年(1882)春他由日本调任美国旧金山总领事时已写出初稿①。至光绪十一年(1885)秋黄遵宪由美告假回国后又继续编纂,历二年最后完成,时为光绪十三年(1887)夏。全书共四十卷,分为十篇"志"(国统、邻交、天文、地理、职官、食货、兵、刑法、学术、礼俗、物产、工艺),并配合以"表"(《中东年表》,东指日本)和"论"(各卷几乎都有序论或后论,且有不少长达数千字)而成。

《海国图志》《日本国志》的撰写目的,都可以用"救亡图强"来概括,但又明显地反映出近代史进程不同阶段的特点。前者主要服从于反抗英国武装侵略这一紧迫需要。魏源介绍外国史地,特别注

---

① 黄遵宪:《人境庐诗草》卷4《奉命为美国三富兰西士果总领事留别日本诸君子》诗有"草完明治维新史"句。三富兰西士果即旧金山。

意搜求外国人的记载,"以西洋人谭西洋",力求可靠。他绝不是将材料平摆罗列,书中介绍外国史地明显地贯穿着反侵略思想这一主线,点明书各部分都直接或间接地服务于对付英国这一当时的主要敌人。

黄遵宪的撰述意图,在《日本国志书成志感》一诗中有深刻的反映,他目睹中国处于风雨如磐的险恶局势中,怀着满腔"忧天热血",把日本明治维新的成效作为自己国家的千秋史鉴,同时着意介绍西方国家的发展取向。所以他提醒人们《日本国志》实际上是一部政论,书中有他开出的医治国家积弱的药方。黄遵宪在《日本国志·凡例》中还强调说:"检昨日之历以用之今日则妄,执古方以药今病则谬,故俊杰贵识时。不出户庭而论天下事则浮,坐云雾而观人之国则暗,故兵家贵知彼。日本变法以来,革故鼎新,旧日政令,百不存一。今所撰录,皆详今略古,详近略远。凡牵涉西法,尤其

三、展现中华文化独特魅力的新视角

详备，期适用也。"这表明，在《日本国志》中，他汇合了考察日本"维新"和后来在美国旧金山边考察"西法"两个认识过程的结晶，目的就是为了治愈中国"今日之病"。《海国图志》和《日本国志》在历史编纂学史上的共同宝贵价值，是创造性地运用典制体以容纳具有时代色彩的内容。在中国史学史上，典制体向为有识史家所重视。司马迁的"八书"班固的"十志"都是典制体的杰作，以后，又发展为大型的典制体史书，著名的有《通典》《通志》《文献通考》。典制体在传统史学中占据这样重要的地位，近代史家魏源、黄遵宪又对其如此重视，其中有深刻的原因，最主要的有两条：一是它适合于反映社会史的丰富内容。史书是记述人类活动的，人类史包括多种因素、多个侧面，同时又可储备各种知识。在近代，我国知识分子迫切需要了解外国的历史、地理、制度文化，典制体史书正适合囊括这些内容。二是它具有灵活性。典制体没有固定的框框，可根据需要调整，可以灵活变通。魏源、黄遵宪运用典制体的成功，也启发了今天的史家。

站在当今时代，回视三千年中国史学跌宕起伏的壮阔历程，我们深感先辈惠饷给我们的文化遗产至为珍贵且丰厚，深感到我们继承发扬、向前拓展的任务艰巨而光荣！中国传统史学长期连续发展，成就璀璨光华，它是中华民族五千多年文化的载体，在历史上为推进统一多民族国家的发展和文化认同作出了无可比拟的巨大贡献，同时又有力地展示出中华文化的基本特质和独特魅力。对于近现代史学，从文化视角这一崭新的切入点进行考察，也能得到一系列的新创获：从近代史开端时期魏源的《海国图志》到黄遵宪的《日本国志》，乃是晚清志士仁人呕心沥血探索救亡图强道路的结晶。至20世纪前期，史学形成了新史学流派、新历史考证学和马克思主义史学流派，鼎足而三，交相辉映。先

三、展现中华文化独特魅力的新视角

辈们精勤治学，自觉继承优良的学术传统，同时勇立中西文化交流的潮头，成就斐然，将中国史学的优良传统推向新的阶段。围绕三大流派的形成、传承、成就、风格等，同样有大量新课题值得我们发掘和研究。

当前，我们正处在社会主义学术文化发展的黄金期，党和国家对历史研究和创造性阐释传统文化高度重视，社会主义经济的迅速发展为学术文化事业提供了有力的物质支持！尤其是，我们有理论指导的优势。唯物史观传入中国，至今已有百年。这中间，虽然有不少曲折、不足和教训，但总的来说，中国学人经过实践、反思和探索，形成了自觉地以唯物史观为指导、以唯物史观基本原理与中国历史实际相结合、创造性地运用唯物史观的优良传统，这是中国学人独具的学术品格。这种学术品格的形成，同传统文化的精华与唯物史观基本原理相通有着密切的关系。在中国这样一个大的国度，史学遗产如此丰厚,史学队伍如此庞大,经过长期的锤炼,形成了创造性运用唯物史观的学术品格,这是一件了不起的大事情,也是我们必须珍惜和发挥的巨大优势。有正确的理论指导,我们就能不断提高科研水平。当前,学术界创新意识普遍强烈,学者们力戒因循守旧,力求有新的创造、与时俱进,既发扬本国优良传统,又大力吸收西方新学理,做到善于鉴别,综合运用。我们一定要把握大好机遇,艰苦努力,不断提出具有主体性、独创性价值的新观点,迎接新时代学术更加美好的未来!

四

史学经典与中华民族文化基因的锻造

（一）俯察众流　抓住关键

文化基因是民族特质和生命力的集中体现，是数千年奋斗前行的中华民族躯体内流淌的血脉，是民族精神的根基。习近平总书记指出："要加强对中华优秀传统文化的挖掘和阐发，使中华民族最基本的文化基因同当代中国文化相适应，同现代社会相协调。"① 这是当前学术界必须高度重视和认真落实的重要课题。

---

① 习近平：《在中国文联十大、中国作协九大开幕式上的讲话》，《人民日报》2016年12月1日第2版。

中华优秀传统文化何以通向马克思主义

中华民族五千多年的悠久历史是一部气势恢宏的伟大史诗,文化基因浓缩了她的传承力、生命力、影响力,因此又与当代社会进程密切相联。中国是世界几大文明古国中唯一一个文明没有中断的国家,有几千年连续不断的历史记载,而且中华民族活动的舞台、历史演进的地理范围始终未曾迁移,几千年间,文字、语言的体系也前后相承,虽然古今有所变化,但演进的脉络清晰可寻。中国古代政治、文化成就灿烂辉煌,中间虽经历过严峻考验,却能穿越曲折、衰而复振、蹶而复起。尤其是到了近代,在西方列强嚣张的侵略气焰面前,中国作为统一的东方大国,坚持反抗斗争,给西方殖民主义的侵略扩张造成了巨大的打击,对于世界被压迫民族是一个巨大的鼓舞。抗日战争之后,中华民族浴火重生,建立了新中国,从此走上奋发图强、实现民族复兴的光明大道。古老的东方民族能够创造出人类史上如此非凡的奇迹,在漫长岁月的考验

四、史学经典与中华民族文化基因的锻造

中形成了坚韧不拔的生命力,并且在现当代激发出伟大创造力,展现出大国的尊严和风采,为人类进步作出了巨大贡献,其文化基因和历史根源是什么?今天如何将传统文化的精华发扬光大,发挥其促进现代化建设的重要作用?对此进行深入探讨,无疑具有重要的学术价值和意义。

中华民族文化基因的锻造形成经历了一个漫长的孕育、产生、壮大过程,又在严峻考验中得到淬砺而升华。大体而言,从黄帝时代至夏商时期,是萌发阶段;西周至春秋战国时期,是产生和光彩展露阶段,其标志是春秋战国诸子对民族文化基因的一些特征、智慧做了极其简要的概括,成为著名的古训,这是民族文化基因的重要渊源,也是后代卓荦人物认识中华文明特质并加以阐释的纲领;秦汉至明代,是民族文化基因壮大和芳华盛放阶段,众多政治家、思想家和有为之士结合所处时代特点,吸收新的智慧,对民族文化基因做了出色的丰富、

提升。在此漫长时期中也有过严峻的考验、磨难，但依靠文化基因的优良和坚韧，中华民族得以衰而复振；自清初至20世纪，民族文化基因在社会趋势走向近代、救亡图强思潮涌起的新环境中得到淬砺、升华，凤凰涅槃，为民族伟大复兴提供助力。历经五千多年漫长而壮阔的进程，民族文化基因丰富而深刻，历久而弥坚！

探索中华民族文化基因如何锻造意义重大又任务繁重，因其思想内涵堪称精深奥妙，而这些珍宝却散存于浩瀚的典籍之中，对此要做全面梳理论证。据此，需要俯察众流、抓住关键，采用恰当的方法，首先应致力于具有特殊价值的文化经典的深入考察。对内容博大厚重、记载系统、议论深刻，凝聚着古代先贤的哲理思考和智慧，体现民族伟大创造精神而又影响深远的经典名作，进行认真发掘、总结。产生于西汉强盛时代的《史记》，就是这样兼具丰富性、思想性、创造性，在中华民族文化基因锻造与

四、史学经典与中华民族文化基因的锻造

提升过程中产生过巨大作用的不朽杰作,亟须我们站在今天时代高度对其进行重新审视,做出具有理论价值的创造性阐释,并从中获得宝贵的启示。

(二)司马迁著史的时代机遇

《史记》被誉为"史家之绝唱",是因为这部杰作产生于特殊的历史环境,司马迁站在前所未有的时代高度总结中华民族壮阔的历史道路,难能可贵地表现出中国精神、中国智慧。

"社会存在决定社会意识"[1]是马克思主义的基本原理。《史记》这部对于中华民族文化基因的形成具有里程碑意义的杰作何以能在西汉时期产生,其间所存在的多层次的、具有丰富哲理内涵的关系,完全值得做专题研究并写成厚重的著作。本书只能从宏观方面对于西汉时期何以恰好为《史记》产生

---

[1] 《马克思恩格斯选集》第2卷,人民出版社1995年版,第32页。

提供了时代机遇,从以下三项做概括性的论述。

一是,在国家实现了空前统一的时刻,总结中华民族以往全部历史。

秦王朝是在吞并六国的基础上建立的,尽管仅存在14年,但它对全中国统一事业做出了重要的贡献。西汉建立,一方面继承了秦朝的统一事业,另一方面吸取秦朝实行酷烈政治而骤亡的教训,采取宽省政策,从高祖立国起制定的休息民力、奖励生产、发展经济的施政方针,高后、文帝、景帝一直遵行,至武帝初年国力达到强盛,汉朝成为中国历史上第一个强盛的王朝,三千年中华民族的演进史至此达到新的高峰。伟大史学家司马迁即生于斯、长于斯,由此而能够站在前所未有的历史高度,对中华民族的历史做系统记载和深入考察。

《史记》的成就,首先在规模和格局上,与先秦史著相比实现了巨大的飞跃。《左传》是先秦史籍中成就最高的著作,在记载春秋大国争霸、列国社会

四、史学经典与中华民族文化基因的锻造

状况、战争谋略、人物言论和保存古史传说等方面,都有值得称道的成就。而《史记》与《左传》相比,却是一座巍然耸立的丰碑,最为关键的是《史记》的通史性质和记载内容的极其丰富。《左传》是春秋时期的编年史,记载了254年史事。而《史记》则记载了远古以来中华民族的全部历史,上起五帝时代,下迄司马迁生活的汉武帝时期。这不但在中国历史上是首创,在世界文化史上也是独一无二的。司马迁为何能够撰成这部雄视千古的杰作?这是因为中华民族的统一规模在汉朝获得了空前的发展,以此为凭借,司马迁才有如此宏大的气魄和冷静的思考,并确立了"通古今之变""成一家之言"的著史目标。司马迁成功创造了以"本纪""表""书""世家""列传"五体有机联系的体裁,其中十二篇本纪就是纵向记述各个历史时期的大事件,总结治乱兴衰的经验教训,再现中华民族三千年历史演进的主线,构成全书的纲领;十表、八书、三十世家、

七十列传围绕本纪展开，构成历史演进的全景图。

因此，中国史学由先秦时期产生的《左传》到西汉时期的《史记》，并不是简单的史书体裁由编年体到纪传体的变化，而是史书规模、著史格局、记载内容的丰富程度和揭示历史进程的深刻程度的质的飞跃。概言之，如此贯通古今、内容饱满生动、有血有肉的史学杰构，有力地回应了表现和提升中华民族文化基因的时代要求。唐代史论家皇甫湜目光如炬，他称誉司马迁为了贯通上下、详载以往历史，"必新制度而驰才力"，"于是革旧典，开新程，为纪为传，为表为志，首尾具叙述，表里相发明，庶为得中，将以垂不朽"（《全唐文》卷 686《编年纪传论》）。

二是，适逢民族创造力旺盛的时代展现出中国精神、中国智慧。

好比青年时期是人生朝气蓬勃的年代一样，在中华民族进化史上，汉朝也是这样一个富有活力、成长迅速的重要时期。中国中古时代的政治设置、

四、史学经典与中华民族文化基因的锻造

典章制度、思想观念、学术文化的基本格局是在这一时期形成的。我国今日的辽阔版图,是在汉朝奠定的。作为中华民族主体的汉族也是在汉朝形成,并且以这一强盛朝代命名的;当今世界各国也都称我们的语言、文字、学术,为汉语、汉文、汉学。从立国开始,汉朝就产生了许多出色的政治家、军事家、思想家、文学家,他们在平民大众辛勤劳作的基础上,促使汉朝保持上升和强盛的局面一个半世纪以上。汉朝人物又有"引大体忼慨"(《史记·袁盎晁错列传》)的豪迈气质,敢于和善于议论国家的政治得失、历史教训、治国理政的重大举措,思想顾忌少,这也与当时社会旺盛的创造力相合拍,因此有的研究者称汉代为"英雄时代"。司马迁对其生活时代这种特点的感受最为强烈,《史记》记述历史就是以人物活动为中心,司马迁父亲司马谈临终曾对他谆谆嘱咐:"今汉兴,海内一统,明主贤君忠臣死义之士,余为太史而弗论载,废天

下之史文，余甚惧焉，汝其念哉！"（《史记·太史公自序》）对此司马迁俯首流涕，庄严承诺。

《史记》成功地做到了以记载人物为中心，不仅七十列传基本上都是写各阶层代表人物的活动，而且十二本纪兼载军国大事和帝王的活动、性格，三十世家中也记载了齐桓公、晋文公、楚庄王、赵武灵王等国君，孔子、陈涉及汉初社稷重臣萧何、曹参、张良、陈平、周勃等人。在司马迁笔下，这些人物无不奋发有为、仗义倜傥。司马迁以丰富的史料和可贵的实录精神成功地再现的人物形象，展现出中华民族的民族精神和非凡智慧，这对于锻造中华民族文化基因，意义同样非同寻常。

司马迁对中华民族历史上英伟卓荦人物的记载，成为千百年来全民族共同的历史记忆，后代史家以《史记》为楷模，把实现长期连续记载历史作为神圣职责。中华民族的先人本来有发达的历史意识，经过《史记》的撰成达到了更高的水平。

四、史学经典与中华民族文化基因的锻造

黑格尔认为历史著作的产生表明人类智力的提升，能够客观地认识自己的进程，并且达到自觉地总结和反思的阶段。他特别称赞"中国人具有最准确的国史"，他说："因为'历史'这样东西需要理智——就是在一种独立的客观的眼光下去观察一个对象，并且了解它和其他对象之间合理的联系的这一种能力。所以只有那些民族，它们已经达到相当的发展程度，并且能够从这一点出发，个人已经了解他们自己是为本身而存在的，就是有自我意识的时候，那种民族才有'历史'和一般散文。"[①] 这段话的道理很深刻，一个民族，只有它的智能达到对本民族的发展能够做一番探讨时，才有"历史"。这时，不但个人获得了为本身而存在（而不是为"神灵""教义"存在）的自我意识，而且，就这个民族全体来说，也才具有认识自己的存在和发展的

---

① 黑格尔：《历史哲学》，王造时译，生活·读书·新知三联书店1956年版，第204—205页。

由来这样一种"自我意识"。

中华民族很早就重视记载历史，先秦时期撰成的《尚书》《春秋》《左传》为中国史学奠定了基础，《史记》以人物为历史记述的中心更表明"历史意识"达到了升华，通过记载人在历史进程中如何发挥聪明才智而演出了无数可歌可泣的生动活剧，表明司马迁是在一种独立的客观眼光下去观察历史，并通过总结经验教训来推动历史前进，这就使《史记》成为展现中华民族精神、中国智慧的最为宝贵的历史教科书。由此也说明，今天通过对这部产生于中华民族历史上最具青春活力时期的史学宝典来剖析中华民族文化基因，该有何等特殊的意义。

三是，汉武帝时代为《史记》的产生提供了良好的物质文化条件。

汉武帝雄才大略，兴造功业，班固曾经概括汉武帝时代的特点"海内艾安，府库充实……群士慕向，异人并出"，"汉之得人，于兹为盛"（《汉书·公

四、史学经典与中华民族文化基因的锻造

孙弘卜式儿宽传》),并举出一批名垂青史的人物,包括大经学家、大理财家、大军事家、大文学家等。正是国家版图辽阔和社会蓬勃向上的局面,为司马迁提供了极好的著述条件。他有两次壮游的经历。"二十而南游江、淮,上会稽,探禹穴,窥九疑,浮沅、湘,北涉汶、泗,讲业齐、鲁之都,观夫子遗风,乡射邹、峄;厄困蕃、薛、彭城,过梁、楚以归。"此是其二十岁以后游学四方之经历。又一次重要的旅行、考察经历是"于是迁仕为郎中,奉使西征巴、蜀以南,略邛、笮、昆明,还报命。是岁,天子始建汉家之封"(《汉书·司马迁传》)。他不仅走遍中原大地,还远至西南夷地区和东南方的会稽,因而大大丰富了其阅历,开阔了其胸怀。诚如梁启超所言:"考迁游踪,则知当时全汉版图,除朝鲜、河西、岭南诸新开郡外,所历殆遍矣。"[①] 古代交通

---

① 梁启超:《要籍解题及其读法》,《饮冰室合集》专集之七十二,中华书局1989年版,第13页。

极不发达,司马迁正是凭借盛世提供的种种物质条件和机遇,才能实现这一切。其壮游,又是与实地调查史迹、访问故老传说相结合的,因而对史实的把握更准确,对历史特点的认识更深刻。

在文献的收集、整理上,西汉初年和汉武帝时期都曾大规模搜集图籍,如其所言,"百年之间,天下遗文古事靡不毕集太史公"(《史记·太史公自序》)。广泛的阅历,丰富的典籍,严肃认真的"考信"功夫,使司马迁实现了其"厥协六经异传,整齐百家杂语"的宏愿。现代学者郑振铎对司马迁系统地整理古代学术文化的贡献做了切中肯綮的评价,他评论说:"他排比、整理古代一切杂乱无章的史料,而使之就范于一个囊括一切前代知识及文化的制作定型之中。"[①]

上述分析说明:国家统一事业的空前发展,使

[①] 郑振铎:《插图本中国文学史》,人民文学出版社1957年版,第120页。

四、史学经典与中华民族文化基因的锻造

司马迁勇于担负继五帝传统、承三代绪业的大任,总结中华民族以往全部历史;司马迁生活于西汉盛世,深受"引大体忼慨"时代风气所浸染,因而具有展现中华民族非凡精神和智慧的襟怀与能力;"天下遗文古事靡不毕集太史公"的史料凭借,司马迁本人丰富、广泛的阅历,使他能够撰成将一切前代知识及文化囊括其中的"实录"式的史学杰构。多种历史条件因缘际会、相互作用,加上司马迁本人的杰出才华,就是《史记》何以能为锻造和提升中华民族文化基因作出杰出贡献的原因所在。

(三)《史记》对锻造中华民族文化基因的非凡贡献

中华民族穿越几千年狂风暴雨、曲折磨难,发皇张大、坚不可摧,成为世界人口最多的民族并焕发出蓬勃生机,她的文化基因一定具有醇美质朴、

蕴蓄深厚、广纳互通、绵延持久的优良品格，因而在历史长河中可以不断吸收时代的营养而得到提升。毫无疑问，各个时代的文化经典都为民族文化基因的形成和发展作出了贡献。然则《史记》因其得天独厚的时代机遇和生动记述汉武帝以前全部历史与文化的宏富内容，而理所当然地最受我们关注。兹事体大，亟须学界共同努力、切磋、提炼，以求其圆满解决。本书仅是探索性工作，初步将《史记》这部史学宝典为锻造与提升中华民族文化基因的贡献，归纳为以下五项。

1. 弘扬传统，疏通知远

中国历史与文化从殷代甲骨文大量记载史事起，长期继承发展。甲骨文于19世纪末在安阳小屯殷朝故都遗址发现，一时成为震动全国学术界的大事，以后更发展成为世界范围内的一门"显学"。原因就在于，这些刻在龟甲和兽骨上的文字是殷王

四、史学经典与中华民族文化基因的锻造

室为占卜政事和日常生活而留下来的记录。甲骨文的记载尽管很简略,但大部分卜辞都已具备历史记载所必有的时间、事件、人物(占卜人)和占卜结果等要素。这些要素,实为后来《春秋》简要记事的雏形。甲骨文记载的内容,包括王室世系、年代、征伐、祭祀、田猎、王室与各方国的关系,以及气象、收成、自然灾害等,因此,研究者可以依据这些甲骨文史料,经过考证、整理而撰写成内容充实的殷商制度和社会生活史。尤能证明殷代先民历史意识发达的事实是,王室有意识地保留这些记载而予以整齐地贮存。这一重要的考古发现的时间是 1936 年 6 月 12 日,当时的历史语言研究所组织第 13 次发掘,由考古学者郭宝钧主持,石璋如等参加,甲骨学专家李济、董作宾曾前往视察。此次重大收获是,在第 127 坑发现了 3 吨多重的龟甲、牛骨板,出土甲骨还有涂朱涂墨的特点。考古人员大喜过望,于是采用特殊的方法将其完整挖出,然

后用特制大厚木箱装好后运到南京史语所，经仔细清理，共有甲骨17000余片，其中完整龟甲300多版。李济在其著作中称此次发掘的龟甲是"地下档案库"，恰当地强调当年竟然做到了有意识的整齐保存。① 这次重要考古发现，也为《尚书·多士》所载"惟殷先人，有册有典"提供了新的确证。

中华民族历史记载发端是如此之茁壮，其重视文化传承的意识是如此之明确，这就预示其必然具有强盛的生命力，很快由滥觞而汇成江河！到周代，即产生了被誉为"中国第一部信史"②的《尚书》，相传其为孔子编选删定而成。先秦典籍并非出于一人一时之作。经学者考证，《今文尚书》二十八篇中之主体篇章，均应出于史官所记载或史

---

① 参阅李济：《安阳》，河北教育出版社2000年版，第124页；柴如瑾：《写在甲骨上的中国自信》，《光明日报》2019年10月27日第9版。

② 金景芳：《尚书新解·序》，《〈尚书·虞夏书〉新解》，金景芳、吕绍纲，辽宁古籍出版社1996年版，第1页。

四、史学经典与中华民族文化基因的锻造

官依据原有资料所做的追记。如《虞书》《夏书》共四篇,是春秋战国人根据相传旧说,综合整理或改写而成。《商书》五篇,当以《盘庚》写成最早,文献价值最高。《史记·殷本纪》称《盘庚》是帝小辛时的作品,当与史实相近。《周书》共十九篇,其中《洪范》是战国时作品,《文侯之命》和《秦誓》是周室东迁后作品,《吕刑》的时代待考,其余十五篇基本上可信为西周初年史官的记录或史官追忆所作。《尚书》的编纂体现出强烈的历史意识,重视中国古代文明前后相承的发展。《尚书》各篇所记历史,上起唐尧,下迄秦穆,不仅时间跨度极大,代代赓续,而且内容涉及政治、宗教、思想、历法、典章、法律、语言文字、地理、军事等方面。可以说,中国古代史记载的连续性、反映民族文化认同不断发展、体现中华民族统一的规模不断扩大等优良传统,都肇始于此。

"疏通知远"是华夏先民很早提出的观念,是

中华民族文化基因的重要源头之一，应予高度重视。这一观念出于《礼记·经解》："疏通知远，《书》教也。"准确地道出《尚书》开创了中华民族历史记载长期连续的传统这一重要价值。"疏通"是指要认识历史的发展变迁；"知远"是指要追溯前代，记述祖先的历史，传承文明。还有《周易》所言"君子以多识前言往行，以畜其德"（《周易·大畜》）；《诗经》所言"殷鉴不远，在夏后之世"（《诗经·大雅·荡》），这些著名的古训昭示后人要弘扬传统，重视总结历史经验，同样鲜明地体现了中华民族这一重要的文化基因。我们不妨同世界其他文明古国进行比较。黑格尔将古代印度几乎没有历史记载与中国典籍的丰富相对比，感叹说："因为这个原因，最古老而又可靠的历史资料，反而要从亚历山大打开了印度门路之后希腊著作家笔下的文字里去找。"又说："中国凡是有所措施，都预备给历

四、史学经典与中华民族文化基因的锻造

史上登载个仔细明白。印度则恰好相反。"① 古代希腊有著名的历史著述,后来没有了。古代埃及几经波斯人、希腊人、罗马人所灭亡、征服,这期间没有自己的历史著述。②

通过比照,中华民族从上古时代开始就高度重视弘扬传统、历史记载和总结历史经验所具有的独特性、优异性更加凸显,由此形成历史文化认同的牢固基础,成为民族文化不竭生命力的源泉,因而谱写出五千年文明连续发展的伟大史诗!《史记》的著成,使华夏先民"弘扬传统,疏通知远"这一重要文化基因得到有力的提升。司马迁确立的著史

---

① 黑格尔:《历史哲学》,王造时译,生活·读书·新知三联书店1956年版,第206—207页。
② 有学者论述:古埃及是古代世界宗教信仰非常浓厚的文明。古埃及人崇拜2000多个神祇,仅太阳神即阿图姆、阿蒙等多个。"埃及人的宗教信仰和实践,使埃及文化呈现出强烈的'以神为本'的特点。在很大程度上,人变成了神的奴隶,沉浸于对神灵的崇拜和对来世的追求中,不够重视现实生活,自然不关注真实历史,不借鉴历史,不研究历史,不书写历史。"(郭子林:《古埃及:一个不重视历史的文明》,《新华文摘》2020年第2期。)

宗旨"通古今之变",就是《尚书》"疏通知远"精神的直接发展。司马迁站在新的高度总结了中华民族历史发展的全过程。《史记》继往开来、史识卓越、气魄雄伟,再现中华民族历史进程更加连贯和丰富,对锻造中华民族文化基因贡献巨大,成为后代著述历史尤其是通史著作的楷模。《史记》自觉地弘扬传统,因而成为中华文明的根基,世界文化史上的瑰宝。

生当总结华夏文明前所未有的最佳机遇,司马氏又世代担负史官重任,所以司马迁以著成《史记》,接续五帝、三代直至秦、汉历史为本人的崇高使命。在这种历史责任感鼓舞下,在许多关键问题上,司马迁做出了典范性处理,彰显了中华民族珍惜祖先成果、高度重视人的活动、以理性态度解释历史创造进程的人文精神。

首先,《史记》确认黄帝为中华文明始祖,是在审慎"考信"基础上对先秦儒家典籍记载的恰当

四、史学经典与中华民族文化基因的锻造

继承并作出定论,这对于几千年来民族文化的认同具有重大意义。《史记》以十二本纪为全书记载历史的纲领,首篇《五帝本纪》始于黄帝,确认黄帝、颛顼、帝喾、尧、舜为上古时代"五帝"。当时司马迁面对两类史料,一类是"百家杂语",其言不雅驯,无法与其他典籍记载相参稽而论定;另一类是《左传》《国语》《五帝德》《帝系姓》的记载,这些有关古史的说法可以从其他典籍中得到参照,尤其是能与司马迁在全国各地调查、采访的古老传说相印证。司马迁以"考而后信"所做的裁制,在中华文明史上有重大的意义。两千多年来,中国人世世代代普遍地以黄帝为中华民族共同祖先,形成了占全世界人口最多的中华民族对于自己的民族历史和文化本根的共同认识,巩固了"大一统"局面,加强了民族向心力,其意义极其深远。司马迁根据《五帝德》等儒家典籍和传说材料整理成这段历史,称黄帝为"天子"显然是后世"天子号令天

下"这种统一局面在传说时代的投影。其次,《史记》明确记载夏、商、周三代鼎革,但是文明相承,以周公为代表的周初政治家所总结的王朝盛衰的历史教训一直为后代传承下来,成为加强民族文化认同的宝贵思想资源。以周公为代表的周初政治家明确地认识到,商之代夏、周之代商,盛衰规律相同,历史教训相同:失德就失去民心,失去民心就失去天命,夏商以来,一贯如此。周初这种对历史的认识的价值,对于中国历史文化认同的传统具有开山的意义,在人类的认识史上也具有开创性的意义。最后,《史记》继承先秦政治家、思想家的进步观点,对于秦汉之际历史变局和西汉建立这一大历史关节点做出深刻的总结。秦始皇以"振长策而御宇内"之势,兼并六国、威震天下,但是为何秦朝却在反秦起义烈火中顷刻灭亡?继而,楚汉相争长达四年,项羽本来号令天下,占有巨大优势,为何最后却众叛亲离败走东城,而刘邦转弱为强,

四、史学经典与中华民族文化基因的锻造

建立了西汉帝业?对此,《史记》的记载极为翔实,而寓含的哲理至为深刻。秦汉之际历史变局相对于汉武帝时期来说是近现代史,司马迁却能准确地把握其大格局、大趋势,不但再现其风云变化,生动地写出跌宕起伏的场面和众多人物的活动,而且总结出复杂历史运动背后深刻的教训和哲理,继承并发挥了孟子对战国时局的判断和贾谊对秦亡汉兴历史经验的总结。他指出秦朝"矜武任力"(《史记·太史公自序》),严刑峻法,遂致二世而亡;项羽滥杀无辜,最后陷于四面楚歌的境地;而刘邦实行安抚民众的政策,最后成功开创了历史新局面。这也恰恰证明了孟子"不嗜杀者能一之"的预言。

总之,历史记忆是民族文化认同的基础。司马迁无比珍惜中华民族壮阔的历史道路和文化成就,因此他高度重视搜集、整理有关先民活动的一切有价值的史料,重视中华民族的优良文化传统,重视继承前代明君贤士观察历史时势的嘉言傥论,把这

一切囊括于《史记》中，使之成为华夏子孙保存集体历史记忆的依据。这正是司马迁为锻造"弘扬传统，疏通知远"这一民族文化基因作出的不可磨灭的贡献。

2. 革新创造，穷变通久

贯彻革新创造的精神，根据客观形势制定正确的施政方针，是中华民族克服艰难、发展壮大的力量源泉。《周易》上所说："天行健，君子以自强不息。"（《周易·乾·象辞》）又说："穷则变，变则通，通则久。"（《周易·系辞下》）这正是民族精神的最好概括，也是面对积弊或艰危局面，勇于变革旧章开辟新路的规律之总结。司马迁以史实对《周易》的古训做了充分的阐释，而其"通古今之变"的著史宗旨，首先即要探究变革对推进历史进程的意义。对于战国时期的历史，他突出记载了商鞅变法、吴起变法和赵武灵王胡服骑射对于实现

四、史学经典与中华民族文化基因的锻造

强国的明效大验。司马迁为商鞅设立专传,这是历史上大有作为人物才享有的待遇。篇中记载,商鞅对秦孝公说,"圣人苟可以强国,不法其故;苟可以利民,不循其礼",大得孝公赞赏。商鞅总结历史经验,对保守派的阻挠进行有力批驳:"治世不一道,便国不法古。故汤、武不循古而王,夏、殷不易礼而亡。"商鞅因而大受秦孝公信用,任左庶长,实行变法。其变法主要措施有:奖励军功,民有二男以上者必须分户居住,否则"倍其赋",加速旧的氏族制的瓦解;"各以率受上爵";为私斗者以罪服刑;以军功等级占有田宅,宗室无功者不得滥赏,"有功者显荣,无功者虽富无所芬华"。因旧势力反对阻挠,太子犯法,商鞅刑其师傅,重办其罪,以树立法令权威。篇中盛赞变法的巨大成效:"行之十年,秦民大悦。道不拾遗,山无盗贼,家给人足。民勇于公战,怯于私斗,乡邑大治。"孝公任商鞅为大良造,又主持第二次变法,主要内

容有：合乡邑为县；为田开阡陌封疆，废除井田制，准许土地买卖；统一度量衡制度。其卓著效果是："居五年，秦人富强，天子致胙于孝公，诸侯毕贺。"（均见《史记·商君列传》）司马迁大力肯定商鞅变法为秦国富强奠定了基础，对此又在《太史公自序》中做了画龙点睛的评论："鞅去卫适秦，能明其术，强霸孝公，后世遵其法，作《商君列传》。"楚悼王时，任吴起为相，实行改革措施："明法审令，捐不急之官，废公族疏远者，以抚养战斗之士。"变法的结果，楚国骤强："于是南平百越；北并陈、蔡，却三晋；西伐秦。诸侯患楚之强。"（《史记·孙子吴起列传》）司马迁在《赵世家》中同样有声有色地记述了赵灵王胡服骑射、实行军事改革的成功。其时，赵国国中有腹心之患中山，四周受到燕、东胡、楼烦、秦、韩的威胁，武灵王遂果断地决定改用胡服，求强国之策。这期间受到宗室公子成、贵族赵文等人的质疑、反对，赵武灵

四、史学经典与中华民族文化基因的锻造

王却表现出不可动摇的意志,以历史经验论述变革是时势变化提出的客观要求和强国的必由之路:"法度制令各顺其宜,衣服器械各便其用。故礼也不必一道,而便国不必古。"遂下令全国,胡服骑射,使赵国国势勃兴,连年攻略中山,乘胜攘逐群胡。"二十年(按,赵武灵王二十年,公元前307年,为其变法次年),王略中山地,至宁葭;西略胡地,至榆中。林胡王献马。归,使楼缓之秦,仇液之韩,王贲之楚,富丁之魏,赵爵之齐。""二十六年,复攻中山,攘地北至燕、代,西至云中、九原。"(《史记·赵世家》)赵国一举成为战国中期北方的强国。

司马迁特别以浓墨重彩再现了汉朝因成功实行治国政策的改变而成为中国历史上第一个强盛朝代的历程,《高祖本纪》所论"故汉兴,承敝易变,使人不倦,得天统矣",成为《史记》有关西汉前期历史记载的纲;相关的史实依次详细展开,

与"承敝易变"这一哲理概括相呼应,有力地彰显了正确的变革方针对于推动社会前进的意义。西汉初前期的成功变革主要包括:一者,因谋士陆贾及时向高祖谏议"马上得天下,不能马上治之",高祖省悟到应吸取秦国严刑峻法、重赋暴敛而骤亡的教训,反其道而行之,实行宽省政策,如此国家才能长治久安。遂让陆贾著《新语》,总结秦亡汉兴的经验教训,"每奏一篇,高帝未尝不称善,左右呼万岁"(均见《史记·郦生陆贾列传》)。由此实行以儒家"德治"为指导的政治方针,成为汉初君臣的共识,这一政治变革对于西汉立国实具生死存亡的意义。《高祖本纪》中尤详载刘邦实行恢复生产、招集流亡、安抚百姓、蠲免赋税以及恢复因战争被掳为奴者的平民身份的政令,充分证明汉初实行"承敝易变"的方针,奠定了西汉社会走向强盛的基础。二者,高后、惠帝年间,继续有效地实行顺流更始、休养生息的政策。刘邦卒后,丞相萧何

四、史学经典与中华民族文化基因的锻造

"休息无为,故天下俱称其美矣"(《史记·曹相国世家》)。曹参依然奉行"因民之疾秦法,顺流与之更始"(《汉书·萧何曹参传》)。吕后秉政时,继续减轻刑罚,还避免了与匈奴的大规模战争。因此,吕后当政的十五年中,生产得到发展,社会经济处于上升趋势。《吕太后本纪》中对此大为赞赏:"孝惠皇帝、高后之时,黎民得离战国之苦,君臣俱欲休息乎无为,故惠帝垂拱,高后女主称制,政不出房户,天下晏然。刑罚罕用,罪人是希。民务稼穑,衣食滋殖。"

在《平准书》中,司马迁真切地描写西汉立国之初因长期战乱而导致的民生极度凋敝、社会残破不堪的景象:"民亡盖藏","自天子不能具钧驷,而将相或乘牛车"。经过六七十年间实行宽省政治、休息民力,到武帝初年,社会财富大大增加,百姓丰足,社会状况极大改观:"国家无事,非遇水旱之灾,民则人给家足,都鄙廪庾皆满,而府库余货

财。京师之钱累巨万，贯朽而不可校。太仓之粟陈陈相因，充溢露积于外，至腐败不可食。众庶街巷有马，阡陌之间成群，而乘字牝者傧而不得聚会。"前后如此鲜明的对比，所展示的正是革新和创造的力量！司马迁不仅总结了"承敝易变"的深刻哲理，又清醒地提出"见盛观衰"的重要命题。《平准书》中尖锐地提出：由于社会财富充溢，造成了公卿大夫"争于奢侈"，无有限度，而武帝连年大事征伐，因赋税和转运军需造成百姓无法承受的负担，"兵连而不解，天下苦其劳，而干戈日滋"，引起社会的动荡。司马迁之实录式著史和"盛极而衰"的敏锐观察，恰好与武帝晚年"深陈既往之悔"而转变政策，实行"罢兵力农"的历史进程相符合。其"物盛而衰，固其变也"的观察，也影响了后代史家，如司马光在《资治通鉴》中评论汉武帝云："有亡秦之失而免亡秦之祸"。(《资治通鉴》卷22《汉纪十四》，汉武帝后元二年）

四、史学经典与中华民族文化基因的锻造

3. 加强统一，凝聚团结

不断加强全国范围内的统一，是中华民族在自然环境和社会文化心理双重作用下形成的必然历史趋势。中华民族的生存环境构成一个自然格局，东西南北四周有大海、高山、大漠、急流等形成天然屏障，而中原地区土壤、水利、气候环境优越，很早就发展了农业生产，由此滋养了先进的古代文明，成为周边居民向往之所在和向四周边远地区传播先进文明的中心。中原地区与周边地区相互交流、融合的趋势，早在古远的新石器时期已开始显现。汉族（先秦时期是华夏族）在多民族统一过程中是起到核心和主导作用的民族。而汉族之所以成为全世界人数最多的民族，其原因即在长期发展过程中不断吸收、融合了周边民族，因而像滚雪球一样越滚越大。至秦汉大一统时期形成了汉族这一坚强的民族共同体，此后在漫长的历史进程中，汉族起到多民族统一和融合之核心的作用。全中国各民族共同创造历史,各有自己的特点、各自作出贡献,同时各民族有强大的凝聚力、向心力,促进全国统一不断加强,这就是中华民族多元一体的格局。我们的祖先赞赏"协和万邦"(《尚书·尧典》),就是在小国林立的时代表达对广大范围内实现统一的愿景。《论语》中所载孔子梦周公,赞美周礼,要求"天下有道,则礼乐征伐自天子出"(《论语·季氏》),也是表达对西周初年以封土建邦形式体现的统一局面的向往,反对诸侯分立、纷争和对抗王室的行为。孟子则在上述观念的基础上呼吁制止列国攻伐争夺,早日实现全国统一。我国最早的历史典籍《尚书》《春秋》《左传》《国语》,都是在当时历史条件下尽可能地搜集史料,编纂成记述全国范围的历史活动的典籍。上述古代政治家、思想家的遗训和典籍,都对中华民族不断巩固和推进统一局面产生了极其深远的影响。

四、史学经典与中华民族文化基因的锻造

司马迁深谙中华民族统一发展的历史趋势及其重大意义,他不仅自觉继承上述优良传统,更以精心创造的著史格局和丰富确凿的内容,为提升世代中华儿女的文化认同和维护统一事业发挥了巨大的作用。《史记》首创的"五体"配合的著史体制,以十二本纪为总纲,其余八书、三十世家、七十列传等相环绕,如众星拱北辰,"以奉主上"(《史记·太史公自序》)。这恰恰是现实大一统政治结构在历史编纂中的投影,极其形象地体现了中央集权体制在意识形态领域潜移默化的力量。从《史记》开始,两千年间历代纂修的纪传体史书被尊奉为正史,对加强全国统一实有十分重要的意义。

在内容上,司马迁殚精竭虑、旗帜鲜明地记载了大量有关国家统一不断加强的史实。仅举数例。其一,作为全书总纲的十二本纪所贯穿的一条主线,就是统一规模不断向前推进。如商朝兴起,是因为汤体恤民众的疾苦,重视人心的向背。武丁治

国五十年,是殷商最强盛的时期。至殷纣王残暴骄淫,众叛亲离,终于自取灭亡。周代商而起,经过武王伐纣的胜利,周公平定武庚叛乱、艰难创业,实行大分封,创设制度,奠定立国基础,至成王、康王时期,政治比较清明,赋敛有度,出现了西周的"盛世"。《史记·三代世表》谱列了自夏以下三代君主的世系,从此以后,中国历代君主世系直至清末未曾中断。《十二诸侯年表》自共和元年(公元前841)始,从此中国史书纪年再无中断。其二,专门设置《秦本纪》和《秦始皇本纪》,充分肯定秦的历史地位,这个原先僻居西陲的小国,因历代国君、能臣奋力经营,逐步强大,最终完成了统一全国的大业。这一认识是有关中国历史进程的大问题。但有的前代学者对此并不理解,因而不恰当地评论司马迁"自乱其例",对此,我们应从《史记》成功地贯彻国家统一规模不断发展这一高度,予以重新评价。其三,文帝、景帝时期,政论

四、史学经典与中华民族文化基因的锻造

家贾谊、晁错针对诸侯王国势力膨胀、尾大不掉的严重问题，相继提出削藩建议。如晁错的"请诸侯之罪过，削其地，收其枝郡"（《史记·袁盎晁错列传》），成为西汉解决藩国割据势力的指导方针。司马迁高度评价这种巩固中央集权、强干弱枝的政策和发展趋势，详细记述景帝平定吴楚七国之乱和武帝实行"推恩令"，大大削弱诸侯王势力，最后的局面是大国不过十余城，小侯不过数十里，实现了"强本干弱枝叶"（《史记·汉兴以来诸侯王年表》）。其四，以"宣汉"的鲜明立场，大力赞扬汉朝推进全国统一规模的历史功绩。司马迁把记述国家的统一兴旺、社会的进步、君臣建树的功业，视为不可推诿的责任。在政治上，司马迁歌颂汉朝把人民从秦的暴政下解救出来，获得民心，是历史的巨大进步。以"得天统矣"进行评价，指出汉代政策符合历史发展的趋势。又说："汉兴，至孝文四十有余载，德至盛也。"（《史记·孝文本纪·太史公曰》)《太史公自序》论及文、景两篇本纪的撰写义旨说:"蠲除肉刑,开通关梁,广恩博施……作《孝文本纪》";"天下翕然,大安殷富。作《孝景本纪》"。废除肉刑,拆毁关卡,天下安定,社会财富大大增加,都是就汉朝政治给人民带来重大的好处而言。在经济上,司马迁赞颂汉兴六七十年间生产的发展和社会的丰足景象,而且概述"汉兴,海内为一,开关梁,弛山泽之禁,是以富商大贾周流天下,交易之物莫不通,得其所欲"(《史记·货殖列传》),讴歌国家空前统一为经济和交通的发展开创了新局面。在文化上,他谴责秦"焚《诗》《书》,坑术士",赞扬"汉兴,然后诸儒始得修其经艺",而武帝兴儒学,"天下之学士靡然乡风矣"(《史记·儒林列传》)。"自孔子卒,京师莫崇庠序,唯建元、元狩之间,文辞灿如也。"(《史记·太史公自序》)《史记》百科全书式的宏伟结构,和"厥协六经异传,整齐百家杂语"的大规模整理文献、熔

四、史学经典与中华民族文化基因的锻造

铸成书的功绩,本身即是汉代空前统一的产物。司马迁以其"实录"精神对汉武帝连年征伐及与民争利等行为提出批评,而对武帝的雄才大略、建树功业又是明确赞扬的。如"明天子在上,兼文武,席卷四海"(《史记·建元以来侯者年表》),"汉兴五世,隆在建元,外攘夷狄,内修法度,封禅,改正朔,易服色。作《今上本纪》"(《史记·太史公自序》),都是对武帝功业的高度评价。今本《孝武本纪》并非司马迁原文,历代学者均认为属后人割裂《封禅书》以充篇幅①,不能为据。其五,司马迁以宏大气魄记述了国家大一统局面下,各民族的活动,以及边疆民族与中原民族联结一体的关系。司马迁撰有《匈奴列传》《南越列传》《东越列传》《朝鲜列传》《西

---

① 较早为张晏说,见《孝武本纪》《集解》所引,称:"诸先生所作。"后钱大昕又考辨云:"少孙补史,皆取史公所缺,意虽浅近,词无雷同,未有移甲以当乙者。或晋以后少孙补篇亦亡,乡里妄人,取此以足其数尔。"(《廿二史考异》卷1"孝武本纪"条)赵翼也认为非司马迁所作。

南夷列传》《大宛列传》一共六篇记载边疆民族的专传，详载边疆各族的生产生活情况、源流沿革、各族与中原汉族的联系，如讲南越"保南藩、纳贡职"，大宛和西域各族"引领内乡，欲观中国"(《史记·太史公自序》)，证明各民族的巨大向心力和民族文化认同具有牢固的基础。对此笔者已有专文论述①，此不详论。以上司马迁大处落笔记述歌颂国家统一发展的宗旨和风格，为东汉初班固所继承，《史记》《汉书》两部巨著深深刻印在中华儿女的脑海里，使"加强统一"、团结凝聚的文化基因得到极大的提升。

4. 热爱和平，反抗压迫

热爱和平是中华民族的历史文化传统。《尚书》讲"协和万邦"(《尚书·尧典》)，在上古时代是希

---

① 陈其泰:《历史编纂与民族精神》，国家图书馆出版社2011年版，第231—235页。

四、史学经典与中华民族文化基因的锻造

冀天下各小邦和平相处、互助发展,可以此推演成为后世处理各国关系的原则。孔子讲:"四海之内皆兄弟也"(《论语·颜渊》),更是表达了中华民族热爱和平的情怀。《礼记》中描绘的"大同"理想:"天下为公,选贤与能,讲信修睦"(《礼记·礼运》),以及儒家春秋公羊学派憧憬的人类社会进化的高级阶段"至所见之世,著治太平,夷狄进至于爵,天下远近小大若一"(《春秋公羊经传解诂》鲁隐公元年何休注文),都以根绝战争、压迫、剥削,臻于理想境地的愿景,滋养、熏陶着世代中化儿女。司马迁继承了华夏先人热爱和平的传统,在《史记·孝文本纪》中,对汉文帝对匈奴成功实行"坚边设候,结和通使,休宁边陲"的政策,"故百姓无内外之繇,得息肩于田亩,天下殷富"(《史记·律书》),表达了衷心赞赏,称其达到了"仁"的境界,使这一传统得到强有力的传承。中华民族向来热爱和平,中国共产党人在经历两万五千里长

中华优秀传统文化何以通向马克思主义

征那样艰难严酷的环境下，却以豪情高扬起"太平世界，环球同此凉热"①的旗帜，而今天，在向建设现代化道路上奋进的强大的中国，更以政治上的非凡定力，成为世界和平的忠实维护者。

热爱和平与反抗压迫，是正义事业相辅相成的两翼。制止战争、掠夺，才能维护和平；反抗压迫、强暴，才能实现社会安定。毛泽东主席说："我们中华民族有同自己的敌人血战到底的气概，有在自力更生的基础上光复旧物的决心，有自立于世界民族之林的能力。"②这是革命领袖总结中华民族精神而发出的气壮山河的时代强音，在民族危亡时刻发挥了动员亿万民众战胜凶残侵略者的伟大作用。中华民族自古有反抗压迫、伸张正义、坚强不屈的光荣传统。《周易》说："汤、武革命，顺乎天

---

① 毛泽东：《念奴娇·昆仑》，《毛泽东诗词选》，人民文学出版社2004年版，第55页。
② 毛泽东：《论反对日本帝国主义的策略》，《毛泽东选集》第1卷，人民出版社1991年版，第161页。

四、史学经典与中华民族文化基因的锻造

而应乎人。"(《周易·革·彖辞》)《论语》说:"三军可夺帅也,匹夫不可夺志。"(《论语·子罕》)又说:"岁寒,然后知松柏之后凋也。"(《论语·子罕》)孔子严斥"苛政猛于虎",他的学生冉求为季氏敛财,遭到孔子呵斥,说:"小子鸣鼓而攻之可也。"(《论语·先进》)孟子同样严正宣称推翻残害民众的暴君统治是正义的事业:"闻诛一夫纣矣,未闻弑君也。"(《孟子·梁惠王下》)

《史记》将这种民族精神发扬光大。楚怀王昏庸误国,屈原忠心爱国而被放逐,《屈原列传》称颂他:"推此志也,虽与日月争光可也。"(《史记·屈原贾生列传》)又表彰蔺相如面对秦昭襄王恃强对赵国欺诈侵夺侮辱,他大义凛然、视死如归,怒喝:"五步之内,相如请得以颈血溅大王矣!"秦王左右欲以利刃加害,"相如张目叱之,左右皆靡"(《史记·廉颇蔺相如列传》)。相如为捍卫赵国尊严而表现出的英勇气概,令秦国君臣大惊失色。司马

迁又郑重表彰鲁仲连义不帝秦的事迹。鲁仲连是个没有官职的平民，当时，秦国大军包围邯郸，兵临城下，而赵国刚刚在长平之战大败，损失了四十多万大军。魏国又派客将军新垣衍来催促赵国投降秦国，尊秦为帝。鲁仲连处危城而不惧，他面见新垣衍，分析利害，义正词严地告诉新垣衍：如果尊秦为帝，那就堕落为秦的臣妾仆役，丧失了起码的人格！鲁仲连这番大义凛然的言词，让新垣衍羞愧无地自容，承认自己是个"庸人"，"不敢言帝秦"！秦将闻之，却军五十里，后又引兵而去。司马迁大力赞许鲁仲连刚直不屈的精神："余多其在布衣之位，荡然肆志，不诎于诸侯，谈说于当世，折卿相之权。"（《史记·鲁仲连邹阳列传》）而《史记》提升抗击强暴、伸张正义的民族精神的高峰，更在于表彰雇农出身、揭竿而起、点燃了反秦起义烈火的英雄陈涉，破格立了《陈涉世家》，生动地表现出陈涉为解救民众灾难敢于举起反抗大旗的精神，并

四、史学经典与中华民族文化基因的锻造

满怀激情赞颂陈涉起义的历史功绩:"秦失其政,而陈涉发迹,诸侯作难,风起云蒸,卒亡秦族。天下之端,自涉发难。"(《史记·太史公自序》)在《史记》的大力表彰下,蔺相如视死如归捍卫赵国尊严的气概,陈涉揭竿而起反抗暴秦的精神,就成为教育后代中华儿女、提升民族精神的崇高典范。

5. 包容共辉,和谐有序

《周易·坤》卦载有重要古训:"地势坤,君子以厚德载物。"这句话与"天行健,君子以自强不息"一样,表达了中华民族精神的基本特征。"自强不息"概括了民族文化的革新性、创造性,生机勃勃、永远进取;"厚德载物"则概括了民族文化的兼容性、广博性,博大精深、多元并存。《史记》这部巨著囊括了中华民族几千年的历史事件、众多人物活动,以及丰富的典章制度、社会情状,体现了中华文化厚德载物、海纳百川的宏伟气魄。司马

迁是如何有力地提升了广泛包容、共存共辉的文化基因的？这里举出突出例证。

其一，《史记》首创从多方面记载各边疆民族的历史、文化，并揭示出边疆民族与中原民族的紧密联系，证明一部中国历史是各民族的共同创造；又称被视为"蛮夷"的荆楚与偏处东南的吴与中原华夏民族是兄弟关系①，称惯于骑射的游牧民族匈奴，也与华夏民族是兄弟关系②。诚如白寿彝先生所说：《史记》所写的各篇民族传，"把环绕中原的各民族，尽可能地展开一幅极为广阔而又井然有序的图画"③。司马迁在《史记》中把详细的记载边疆各民族活动视为不可或缺的一部分，开创了中国史学重视民族史撰述的成例，对于推进包容共辉、多元

---

① 《史记·吴太伯世家》载："余读《春秋》古文，乃知中国之虞与荆蛮句吴兄弟也。"
② 《史记·匈奴列传》载："匈奴，其先祖夏后氏之苗裔也，曰淳维。"
③ 白寿彝主编：《中国通史》第一卷《导论》，上海人民出版社1989年版，第6页。

四、史学经典与中华民族文化基因的锻造

一体的文化传统,居功甚伟。

其二,《史记》展示出拥抱全民族文化的宽阔胸怀。司马迁生活在儒家学说地位迅速上升、武帝"独尊儒术"的时代,其学术思想无疑是以儒家为主。他立孔子为"世家",赞颂其为"高山仰止,景行行止";全书各篇中评价历史事件和人物,大量采用孔子的观点,"折中于夫子"。董仲舒之尊儒主要是进行经义的推演,司马迁则不同,他是出于尊重历史的发展和孔子的学术地位,对同样在历史上起过作用的其他学派,他也予以承认并且吸收。在他看来,当时处于上升趋势的儒学与各家学说可以并包俱存,各采其长,这正是司马迁文化观点的卓越之处。《曹相国世家》《商君列传》《孙子吴起列传》《苏秦列传》《张仪列传》诸篇,各对道家、法家、纵横家的作用适当地予以肯定。兼容各家、不拘一格的胸怀和见识,还使司马迁善于发现各种类型人物的嘉言善行,采撷入史,从而使全书蕴含

着大量的思想资料,丰富了我们的民族智慧。如从散见于《晏子春秋》《左传》《韩诗外传》的片段材料中,提炼了晏子指责齐景公暴政的出色言论;《刘敬叔孙通列传》写叔孙通适应时变,"制礼进退",卒为汉家儒宗;又在《滑稽列传》中,以独特的眼光,指出滑稽家的语言包含着机巧辩慧、妙语解纷,有益于治道;等等。

概言之,《史记》将各家各派的学术思想都囊括其中,把各具智慧和光彩的历史人物都载入史册。就汉以前的历史说,《史记》反映了儒学地位的上升,学派的繁盛。又写了儒家以外的思想家老子、韩非、庄周、申不害、邹衍;写了政治人物管仲、晏婴、商鞅、魏冉、李斯、吕不韦、孟尝君、平原君、信陵君、春申君、田单;写了军事家司马穰苴、孙子、吴起、白起、王翦、蒙恬、乐毅、廉颇;写了文学家屈原、司马相如;写了策士苏秦、张仪、陈轸、犀首、甘茂、甘罗、范雎、蔡泽。还

四、史学经典与中华民族文化基因的锻造

有反映其他社会阶层如刺客、医生、游侠、龟策、货殖等的传记。故梁启超推崇司马迁是古代文化思想的集大成者:"其于孔子之学,独得力于《春秋》,而南派(老庄)、北东派(管仲齐派)、北西派(申、商、韩)之精华,皆能咀嚼而融化之。又世在史官,承胚胎时代种种旧思想,磅礴郁积,以入于一百三十篇之中,虽谓史公为上古学术思想之集大成可也。"[①]

与此密切相连的,和谐有序这一文化基因也在《史记》中得到大力弘扬、提升。"和"既可以指陈政治上的和平、正义,又具有社会伦理和审美观念上的重要意义。中华民族的先人认为"和"是事物的极高境界,列国之间以玉帛通好,不以兵戎相见谓之"和";人际关系感情融洽谓之"和";群体相处有共同遵守的秩序,长幼有序、以礼相待谓之

---

① 梁启超:《论中国学术思想变迁之大势》,《饮冰室合集》文集之七,中华书局1989年版,第52页。

"和";不同味道的食物,放在一起煮成一锅佳肴,各自发挥自己的特性而又互相补充,谓之"和"。"和"是中国古代哲学的极高境界,也是古人的高度智慧,要求达到和谐、协调,事物之间既保持自身的特点,又彼此融洽相处。司马迁以高明的手法,将这种智慧用到史书体例上,经过他精心组织、安排,全书各大部件之间、篇章之间、相关的重要内容之间,形成一种统一、协调的关系。

这里以司马迁对七十列传的精心安排为证。纪传体以记载人物活动为主,七十列传在《史记》全书中占有重要地位,司马迁对这一部分的设目、编次、结构安排更是苦心经营。将《伯夷列传》居于全部列传之首,一是由于伯夷、叔齐二人是商周时期最早的有事迹记载的历史人物,而且受到孔子的表彰;二是由于司马迁对流行的说法"天道无亲,常与善人"表示极大的疑惑,对人的不同命运和遭遇表示无限感慨。因此,将《伯夷列传》置于首

四、史学经典与中华民族文化基因的锻造

篇,又有作为全部七十"列传"之总序的目的。而该篇以下,从《管晏列传》开始,记述从春秋时期至"今上"汉武帝时期的人物事迹,构成浩繁丰富而又激动人心的篇章。通过仔细研读,我们可以归纳出司马迁设置列传的主要体例为:以时间先后为顺序;凡是地位重要而又事迹丰富的人物,设专传;对于人物事迹互相关联密切或风格相近者,设合传,如《管晏列传》《老子韩非列传》《孙子吴起列传》等;先记载有重要作为、建立功名的人物活动,然后安排记载边疆民族的传,如《匈奴列传》《东越列传》;以及记载某一阶层、某一类型人物的类传,如《循吏列传》《儒林列传》《货殖列传》等。最后一篇《太史公自序》,更是司马迁对《史记》全书的总结和提升。其中,讲了司马氏的先世和他本人著史的家学渊源;高度评价儒家六经的地位,抒发他继承孔子学说的强烈愿望;尤其是作为全书的总结,司马迁一一提炼出《史记》130篇的

撰著义旨，进而概括全书的著述目标是"成一家言，厥协六经异传，整齐百家杂语"。司马迁在著成全书之后，又如此完整、准确地将各篇撰著义旨和全书宗旨全部论定，成为后人理解《史记》深邃蕴涵的准绳。其时，他已处于生命的最后阶段，在精神恍惚情况下却仍以惊人的毅力做出如此精当、严密、完善的安排。这一成就使《史记》世代为广大民众所传诵，也启发人们对运用均衡协调观点审美的追求，将和谐有序这一民族文化基因提升到更高层次。

总　结

站在 21 世纪的今天，深入探讨《史记》杰出成就与中华民族文化基因的锻造这一课题，让我们深切地感到华夏祖先对我们的馈赠十分丰厚，中华民族文化基因的锻造与提升源远流长、浩瀚激荡，穿越几千年历史风雨而熠熠生辉，令全体中华儿女

四、史学经典与中华民族文化基因的锻造

无比自豪。中华民族文化基因的塑造和发挥强大作用，与五千年恢宏历史进程相表里，举世独有，这是她的坚韧性。中华民族文化基因传承发展，由此创造了光华灿烂的古代文化，中华民族文化基因在经受困厄危难之后又能衰而复振、浴火重生，而今重新焕发青春，阔步前进，这是她的优良性。中华民族五大文化基因又是综合地发挥作用，因而具有融通性，因此文化基因的传承力极其强大，举世难有其匹。弘扬传统、疏通知远，是中华文化持续发展壮大的根脉；革新创造、穷变通久，是中华文明演进的动力；加强统一、凝聚团结，是中华文明战胜一切艰难险阻、不断取得胜利的强大保证；热爱和平、反抗压迫，是中华文化的愿景和气概；包容共辉、和谐有序，是中华文化的胸怀和神韵。这五大文化基因在先秦时期已经产生，到了西汉盛世，经过司马迁以其全部智慧和生命加以继承、总结、淬砺，而大大提升，堪称在中华民族文明基因锻造

史上放一异彩!《史记》的杰出成就为世代中华儿女提供思想养料,后世具有创造魄力的卓荦之士又吸收时代智慧加以丰富、发挥,并且在当今建设现代化伟业中仍然产生潜在的但又巨大的推进作用。这就是如此独特、坚韧、美备、强大的中华民族文化基因,为中国历史创造奇勋的奥秘所在。习近平总书记指出,要"把跨越时空、超越国度、富有永恒魅力、具有当代价值的文化精神弘扬起来"①。确立文化自信,在新时代阳光照耀下,将独特而美备的中华民族文化基因与实现民族伟大复兴的现实需要结合起来大力发扬,我们就一定能够不断创造新的辉煌!

---

① 《建设社会主义文化强国　着力提高国家文化软实力》,《人民日报》2014年1月1日第1版。

五

传统文化向近代文化转变的内在动力

(一) 中介：传统中孕育的近代因素及其发扬

认识传统文化具有向近代文化转变的内在动力，是把握中国文化的特性和演进趋势的大问题。以往一段时间，由于对中国文化自身价值认识不足，在论及近代史学的产生时意见出现了偏颇，认为传统史学即封建史学，因而近代文化与传统文化之间存在一个断裂层，近代文化从理论到方法都是由外国输入，在历史编纂上也是摒弃了传统史书形式而从外国移植。这种看法与演进的客观进程相违背。中华优秀传统文化具有向近代转变的内在动力,这在素来发达的中国古代史学中体现得最为清楚。大致来说,传统史学是指鸦片战争以前起于孔子止于章学诚的两千年间的史学,这期间史家辈出、成果丰硕。近代史学是从传统史学发展演变而来的,由彼达此的转变轨迹清晰可寻。鸦片战争前后,这种转变已明显处于酝酿阶段,至戊戌运动和辛亥革命准备时期,由于新旧思想激烈斗争的推动,中国史学正式跨入近代史学的门槛,20世纪初,梁启超的理论主张和夏曾佑的历史著作,即是近代史学产生的标志。五四前后,出现了史学近代化的更大势头,产生了一批出色的学者,他们的成果又被随之崛起的马克思主义史学所吸收。传统史学向近代史学的转变,马克思主义史学的继起,环环相扣,彼此之间有着无法割断的联系。不论是近代史家梁启超、王国维、陈寅恪,还是马克思主义

五、传统文化向近代文化转变的内在动力

史家郭沫若、范文澜，他们都以前人的成果为基础，他们的学术都深深扎根在民族文化的土壤之中，做到了将外来进步思想（西方近代史学或马克思主义理论）与中国史学的优良传统相糅合，因而是地道的中国式的，所以能为学者和大众所接受，并在文化实践和社会生活中起作用。20世纪史学发展的主流绝不是一脚踢开传统，对外来东西生硬搬用或简单移植。这些事实，首先即是对"断层论""摒弃论"的有力反驳。

其次，这种似乎时髦的论调在理论上又是一种倒退。早在近代史学正在形成之际，有的学者就敏锐认识到无视近代史学与传统史学的继承关系是错误的。顾颉刚在1919年写有《中国近代学术思想的变迁观》一文，讲了自己认识前后的变化："吾从前以为近三十年的中国学术思想界易旧为新的时期，是用欧变华的时期。但现在看来，实不尽然。""在三十年内，新有的东西固然是对于外国

来的文化比较吸引而后成的,但是在中国原有学问上——朴学、史学、经济、今文派——的趋势看来,也是向这方面走去。"①当时他仅二十七岁,大学尚未毕业,却以亲身经历讲出深刻的道理:近代史学的成就固然是由学习外国所得,但同时也是对传统史学有选择地继承、发展的结果。按照"移植""摒弃"一类说法,源远流长、高度发达的中国传统史学到近代就中断了,近代史学的来源只有向外国去找,这等于否定了历史学的基本原则。

与"移植论""摒弃论"者相反,笔者主张"转变论""中介论",即认为:外来影响只是近代史学产生的重要条件,其内在根源还得从中国史学发展本身去寻找。传统史学中蕴藏着许多精华,传统之中有近代因素的孕育。在外来文化大量输入的历史关头,这些宝贵的近代因素被当时敏锐的学者所重视、所发扬,成为他们吸收外来进步文化的内在基

---

① 载《中国哲学》第十一辑。

五、传统文化向近代文化转变的内在动力

础,并在与外来成分相糅合的过程中得到升华。这些近代因素的孕育及其发扬,便成为传统史学向近代史学转变的中介。"转变的中介"的全部内涵无疑是很丰富的,这里仅选择其中数端加以论述:就历史观点而言,有揭露专制主义罪恶的民主思想和今文经学朴素进化观在近代的发扬;就历史编纂而言,有章学诚提出的改革史书编纂的方向在近代的影响;就治史方法而言,有乾嘉史家严密考证的科学因素在新时代条件下的发展。

(二) 批判专制 憧憬民主

用批判封建专制的观点观察历史,启发大众的民主觉悟,是近代史学产生过程中的关键问题。因为呼唤民主是近代文化的时代强音,当然也是近代史学的思想灵魂。20世纪初,我国思想文化领域内民主潮流高涨,从西方传入的民主思想对爱国志

士的激励作用当然是重要原因，但它不是唯一的原因，中国思想家所提出的反对专制的思想，在当时也发挥了巨大的启迪作用，二者本来就是相通的。

先秦儒家就有显著的民本思想。汉以下，贾谊、司马迁、班固、范晔等都有过对封建统治虐民、残民的愤怒谴责。处于封建末世的清代，更一再爆发出对封建专制的强烈抗议。先是清初进步学者，由于他们经历了"天崩地解"的大事变，目睹明朝的腐朽统治导致了亡国惨剧，因而更加深切地认识到专制统治的罪恶。黄宗羲《明夷待访录》便是讨伐封建专制的檄文，把批判锋芒直接指向专制君主，揭露其"屠毒天下之肝脑，离散天下之子女，以博我一人之产业"，"敲剥天下之骨髓，离散天下之子女，以奉我一人之淫乐"（《明夷待访录·原君》）。黄宗羲还大胆提出"君民共治"和"是非决于学校"的主张。这些具有民主思想的言论，正是衰老的封建社会终将崩溃的预告，近代社

五、传统文化向近代文化转变的内在动力

会将要来临的先声,启发后来的史学家用批判的眼光去看待两千年历史。所以尽管乾嘉时期考史盛行,而赵翼撰《廿二史札记》,却能以大量材料揭露历代皇帝昏庸、专制、嗜杀、淫乐等罪恶。

嘉庆、道光年间的龚自珍、魏源发扬了黄宗羲的反专制思想。龚、魏生活的时代,清朝统治正在下坡路上加速滑落,国内危机深重,外国武力侵略的威胁日益严重。因此,龚、魏在其史论、史著中揭露专制主义的痼疾,是同挽救危机、寻求民族出路相联系的。龚自珍指斥封建皇帝是"霸天下之氏",对众人"震荡摧锄"以肆其淫威(《龚自珍全集》第一辑《古史钩沉论一》)。他分析专制政治腐败的根源,在于"天下无巨细,一束于不可破之例","约束之,羁縻之",有如将活人放在独木之上,用长绳捆绑起来,"俾四肢不可以屈伸,则虽甚痒且甚痛,而亦冥心息虑以置之"。所以他呼吁废除专制解救社会的灾难,"救今日束缚之病"(《明

良论四》)！魏源揭露当时社会危机的各种表现，就是"堂陛玩愒"（皇帝耽于逸乐，荒于政事）、"政令丛琐"（专制机构陷于繁文琐事，运转失灵）"(《默觚下·治篇十一》)。并且表达了他对民主政治的憧憬，提出"天子是众人中之一人"，"天下为天下之天下"的新论点，希望出现下情上达、上情下达、言路畅通、重视舆论的局面（《默觚下·治篇三》)。显然，这是自先秦民本思想以来历代仁人志士进步思想的一种发展。这种由传统文化土壤中生长出来的民主意识，帮助魏源在时代剧变面前，有勇气承认中国的落后，开始注视和探求外部世界的广阔和资本主义的先进性。此即他发愤撰著《海国图志》的思想基础。魏源在这部当时东方最详尽的世界史地巨著中，一再表示对西方民主制度的向往，认为："墨利加北洲之部落代君长，其章程可垂奕世而无弊。"(《海国图志后叙》）又称赞华盛顿创立民主政体，"二十七部酋分东西二路，而公举一大酋

五、传统文化向近代文化转变的内在动力

总摄之,匪惟不世及,且不四载即受代,一变古今官家之局,而人心翕然,可不谓公乎!议事听讼,选官举贤,皆自下始。众可可之,众否否之,众好好之,众恶恶之。三占从二,舍独徇同,即在下预议之人亦先由公举,可不谓周乎"(《海国图志》卷59《外大西洋墨利加洲总叙》)。

龚、魏史学论著中批判专制、憧憬民主的言论,使刚刚萌生的近代史学呈现出异彩,并由此一发而不可收,对专制主义的堤坝发起了越来越有力的冲击。黄遵宪在戊戌维新准备时期撰《日本国志》,书中揭露封建专制在社会地位、刑法治理、经济负担方面对平民的残酷压制,而他批判的锋芒同样指向中国的专制制度。到维新高涨时期,康有为、梁启超主张实行君主立宪制,大力抨击专制政治的不合理。维新志士们把自己的事业视为对黄宗羲、龚自珍思想的继承,梁启超、谭嗣同将《明夷待访录》一书节抄、印刷、秘密散布,推动变

法运动。梁启超还称赞龚自珍批判专制的言论促进了晚清思想解放:"语近世思想自由之向导,必数定庵。吾见并世诸贤,其能为现今思想界放光明者,彼最初率崇拜定庵,当其始读《定庵集》,其脑识未有不受其激刺者也。"① 谭嗣同还以冲决网罗的精神喊出:"二千年来之政,秦政也,皆大盗也。"② 真切地反映出广大民众对专制压迫的强烈愤恨。

总之,戊戌时期的思想界,一方面是西方民权学说迅速输入,一方面是中国先哲反专制思想的发扬,二者交相为功。百日维新失败的惨剧,使人们更加认识清朝专制统治的黑暗反动,加上列强图谋瓜分中国、民族危机迫在眉睫,于是激起了20世纪最初几年革命民主思想的高涨。在史学

---

① 梁启超:《论中国学术思想变迁之大势》,《饮冰室合集》文集之九,第97页。
② 谭嗣同:《仁学》,《谭嗣同全集》卷1,三联书店1954年版,第54页。

五、传统文化向近代文化转变的内在动力

范围内,出现了批判"君史"、提倡"民史"、倡导"新史学"的热潮。梁启超于1902年撰《新史学》,论述的中心,是激烈批判旧史为专制政治服务,成为"二十四姓之家谱""相斫书""墓志铭""蜡人院之偶像",存在四弊("知有朝廷而不知有国家""知有个人而不知有群体""知有陈迹而不知有今务""知有事实而不知有理想")、二病("能铺叙而不能别裁""能因袭而不能创作")。因此梁氏大声疾呼要实行"史界革命",开创史书"为国民而作"的新局面,使史学成为"益民智"的工具。以此为界标,以叙述国民为对象的史学新时代正式开始。因此,《新史学》便成为近代史学在理论上正式产生的标志。而它恰恰是中国史学中朴素民主思想的精华与西方进步思想融合的产物。

（三）朴素的历史进化观

用批判专制主义的眼光反思历史，是近代史学在政治视角上必须具有的特色。而历史学的发展，还要求有一套高于旧时代"复古史观""循环史观"的历史哲学作为指导，以总结过去，预示未来。人们熟知，近代史学的指导理论历史进化论是从西方学来的。然而，事情还有另一面：进化论这种西方舶来品之所以能被中国智识界顺利接受，并迅速地在"新史学"中结出硕果，是由于鸦片战争前后和戊戌时期有中国本土的朴素进化观点在流行——它就是顾颉刚所特别提出的"今文学派"即公羊历史观，其构成为"新史学"接受西方进化论的思想基础。

《春秋公羊传》成书于汉初，系用当时通行的隶字书写，故属"今文学派"，且是其主要代表。公羊学有一套著名的"三世说"，其雏形为《春秋

五、传统文化向近代文化转变的内在动力

公羊传》作者解释春秋二百四十二年历史所讲的"所见异辞,所闻异辞,所传闻异辞"①,包含着一个对待历史的很宝贵的观点:历史可以按一定标准划分为不同的发展阶段。至东汉何休为《春秋公羊传》作注,将三世说发展成为一种朴素的社会发展阶段论:"据乱—升平—太平"(见《春秋公羊解诂》隐公元年何休注)。于是创造出儒家经典中独树一帜的历史哲学,启示人们用发展变化的观点观察社会历史进程,可以与长期居于正统派地位的古文学派的复古史观和循环史观相抗衡。东汉以后,今文学派衰落,一千多年间消沉无闻。到清朝嘉道年间,公羊学说却重新崛起,"翻腾一度",并为进步学者所力倡。其深刻原因是:由于清朝统治面临危机,进步的人物为了变革现实,且在学术上树立新的风气,需要有一套理论来发挥。公羊学说适逢际遇,它具有既是儒家经典,又长期处于与正统的古

---
① 见《春秋公羊传》隐公元年、桓公二年、哀公十四年传文。

文学派不同的"异端"地位这种双重身份，可以减轻"非圣无法"的压力，它专讲"微言大义"的特点，更有耸动人心的力量。所以嘉道年间和戊戌时期的进步人士都喜谈公羊学，拿它跟顽固派的僵死观点做斗争。从历史哲学讲，它是由传统史学向近代史学转变的一个极其重要的中间环节，当时没有更先进的观点，只能以此推演新说。

龚、魏都是清代公羊学的健将，他们批判专制，在史学领域倡导新风气，都跟发挥公羊学说相联系。龚自珍吸收和利用公羊哲学"变"的内核，将"据乱—升平—太平"三世说，改造成"治世—衰世—乱世"的新三世说，用来论证封建统治陷入危机。又用"早时—午时—昏时"来隐括封建专制势力由盛到衰的规律，暗示统治集团已走过了它朝气蓬勃的"早时"和力量足以控制局面的"午时"，如今已到了暗淡无光的"昏时"："日之将夕，悲风骤至，人思灯烛，惨惨目光，吸饮暮气，与梦为

五、传统文化向近代文化转变的内在动力

邻","不闻余言,但闻鼾声,夜之漫漫,鹖旦不鸣,则山中之民,有大音声起,天地为之钟鼓,神人为之波涛矣"(《尊隐》)。跟正统派一向宣扬三代是太平盛世、封建统治永恒不变的陈腐教条相比,龚自珍的新公羊三世说,显然紧扣时代脉搏,容易触发人们对现实变动的感受。他所做时代巨变将要来临的预言,很快也被太平天国运动的风暴所证实。魏源则将公羊学说变易的观点,糅合到对中国历史进程的考察之中,提出了"气运说"来解释历史变局。他观察鸦片战争引起的中外关系新变化,意识到:自明末西方传教士东来,已显示出东西方由过去隔绝到互相交往的转变;而中国和西方之先进与落后地位也发生了根本变化,中国人过去对外国傲慢排斥的态度已经招致战败的屈辱,需要警醒自强,了解世界,学习西方长处。

戊戌时期公羊学风靡于世,这种情形,从持对立态度的张之洞为其《学术》诗(1903)所写的

自注中有清楚的反映，可见公羊学说在两个世纪之交对新派人物具有何等吸引力！康有为将公羊三世说跟建立君主立宪的主张结合起来，形成具有资产阶级性质的进化理论，作为宣扬维新变法的思想纲领。而从学术上说，当时许多具有进步倾向的人物，都共同经历了由宗仰公羊学到接受进化论的道路。梁启超于1899年所写《论支那宗教改革》一文，即把公羊学说跟达尔文、斯宾塞的"进化之说"贯通起来。在《新史学》中，他揭起新史学是"叙述人群进化之现象"的旗帜，又特别说明："三世者，进化之象也。所谓据乱、升平、太平，与世渐进是也。三世则历史之情状也。"[1]谭嗣同则把《春秋公羊传》列为《仁学》思想来源之一。

这一时期，将公羊历史哲学与进化论相融合，写出别开生面的历史著作的是夏曾佑。夏与梁、谭三人是"讲学最契之友"，如梁启超所回忆，1895

---

[1]《饮冰室合集》文集之九，第8页。

五、传统文化向近代文化转变的内在动力

年前后,"曾佑方治龚、刘(逢禄)今文学,每发一义,辄相视莫逆"①。饶有兴味的是,公羊三世说确实成为沟通夏氏与进化论的桥梁。1896年底他到达天津,结识严复,便立即倾心于达尔文学说,这在他致表兄汪康年的信中有深沉的表达:"到津之后,幸遇又陵(按,严复字),衡宇相接,夜辄过谈,谈辄竟夜,微言妙旨,往往而遇。徐、利以来,始明算术;咸、同之际,乃言格致,洎乎近岁,政术始萌。而彼中积学之人,孤识宏寰,心通来物,盖吾人自言西学以来所从不及此者也。"②他原拟写阐述进化论的哲学著作,未能实现,而于1902—1904年撰写了一部体现进化论观点的史书《中国古代史》(原名《最新中学中国历史教科书》)。夏曾佑充分吸收公羊学的历史变易观点,将其与西

---

① 梁启超:《清代学术概论》第二十五节,见《饮冰室合集》专集之三十四,第61页。
② 上海图书馆编:《汪康年师友手札》第二册,上海古籍出版社1986年版,第1325页。

方进化论者"心通来物"的"孤识宏寰"相贯通,形成了独创性见解。他在书中申明:"自东汉至清初,皆用古文学;当世几无知今文为何物者。至嘉庆以后,乃稍稍有人分别今古文之所以然。而好学深思之士,大都皆信今文学。本编亦尊今文学者,惟其命意与清朝诸经师稍异。凡经义之变迁,皆以历史因果之理解之,不专在讲经也。"① 夏曾佑跟前人不同之处在于,他将"经义之变迁"即三世说之类,同西方进化史观强调因果关系结合起来,去掉其牵强附会的成分。由于他做到对东西方进化观点加以扬弃、吸收,所以能够提出崭新的关于中国历史的系统看法。即,把中国历史划分为"三大时代""七小时代":自远古至西周末是"上古之世",可分自开辟至周初为"传疑时代"、周中叶至战国为"化成时代";由秦至唐是"中古之世",可分秦至三国为"极盛期"、晋至隋为"中衰期"、唐为

---

① 夏曾佑:《中国古代史》,河北教育出版社2000年版,第362页。

五、传统文化向近代文化转变的内在动力

"复盛期";宋以后为"近古之世",可分五代至明为"退化期"、清为"更化期"。这种自成体系的历史进化观点,既不是重复前人的公羊学说法,又不是生硬搬套外来的进化论术语,而是在贯通二者之后的创造。所以《中国古代史》的撰成,在当时给人耳目一新之感,且影响深远,1936年被收入"大学丛书"。

《新史学》和《中国古代史》作为近代史学正式产生的理论上和史著上的标志,它们的撰成都在20世纪初西方进步文化大量输入的年代,也是自鸦片战争前后逐步滋长的新思想至此向旧营垒展开猛烈进攻的时期。这些事实足以证明:中国传统史学中孕育的进步成分,确是朝近代史学的方向走的,西方思想的输入尽管起了很重要的促进作用,而转变的内在根据,却存在于中国史学的母体之中。

（四）历史编纂中生命力的显示

夏曾佑《中国古代史》在当时大受赞许，除了运用进化史观解释历史、具有新鲜内容以外，还由于采用了恰当的编纂形式——分章节叙述的体裁。它是近代通史编纂上对这种编纂形式第一次成功的采用，从此这种"章节体"一直被沿用，至今流行不衰。有的论者认为近代章节体是摒弃了传统史书形式、从外国输入而来的，这种说法失于片面。实际上，中国史学发展本身提出的要求和业已达到的成就，乃是学习这种外来形式的内在基础。

18世纪末，章学诚便提出改进历史编纂方法，以满足反映历史演进大势的要求。他主张"仍纪传之体而参本末之法"（《文史通义·外篇三·与邵二云论修〈宋史〉书》），以之作为改革史书编纂的方向。他认为历代沿用的纪传体存在难以反映史事大势的重大缺陷，"类例易求而大势难贯"，主张

五、传统文化向近代文化转变的内在动力

用纪事本末体加以弥补。他对纪事本末体的特点有中肯的分析:"因事命篇,不为常格","文省于纪传,事豁于编年,决断去取,体圆用神"(《文史通义·书教下》)产生。于传统史学、发展后期的纪事本末体,由于具有这种因事命篇、灵活变化的优点,就成为近代史家学习西方而从事体裁创新的凭借。梁启超就说:"纪事本末体与吾侪理想之新史学最为相近,抑也旧史界进化之极轨也。"[①] 纪事本末体会成为参照西方史书体裁从事创新的基础,这点并不奇怪。因为从实质上说,分章节叙述与以事件为中心,二者正有相通之处。故有的学者便径称西方这种体裁为"纪事本末体"[②]。

夏曾佑《中国古代史》在编纂上的成功,即在于把中国纪事本末体的特点,糅合到从西方和日本

[①] 梁启超:《中国历史研究法》,《饮冰室合集》专集之七十三,中华书局1989年版,第20页。
[②] 参见郭圣铭:《西方史学史概要·绪论》,上海人民出版社1983年版,第7页。

学来的分章节叙述的形式中。如书中第三编"中古史"第一章"极盛时代（秦汉）"，前五十节绝大多数是按事件设立节目的。有的专设一节叙一事，如"文帝黄老之治""光武中兴"等；有的以两节叙述一事，如"天下叛秦""楚汉相争"等；还有的用连续六节叙述一事，如"汉外戚之祸"（一至六）、"宦官外戚之冲突"（一至六）。这就证明，近代"章节体"既是在西方影响下出现的，也是对本国原有形式中有生命力部分的发展。对纪事本末体加以改造，它就成为一种转变的中介。

这一时期章炳麟、梁启超分别提出的编纂《中国通史》的设想，同样证明传统编纂形式的有用成分在近代仍然受到重视。章炳麟于1900年写作《中国通史略例》[①]，两年之后，他又写信给梁启超重申他的编纂设想。他反复斟酌传统史书体裁的利弊，

---

① 附在《訄书》第59《哀清史》之后，始见《訄书》手校本，上海人民出版社1984年版，第328—333页。

五、传统文化向近代文化转变的内在动力

又对比日本学者著史的特点，确定编纂原则是：采用章学诚的主张并加以发展。既要吸收纪传体所具有的综合的优点，以写进自己的新哲理、新内容；又要吸收纪事本末体的优点，以反映历史演进的大势。具体的设想则是采用表、典、记、考纪、别录五种体例互相配合。梁启超于1901—1902年也酝酿写《中国通史》[①]，多年后他做了片断工作。1918年他致信陈叔通，概述他订定的通史体例，分设载记、年表、志略、传四体配合。梁氏这一在改造传统史书体裁基础上创新的方案，跟章炳麟一样，都是受到章学诚主张的启示而向前继续探索。他们的相同之处，都是既要吸收纪事本末体的优点，又要发挥纪传体中诸体配合、包罗丰富、伸缩自如的长处。章、梁都是近代史学名家，他们的设想竟有如此一致之处，这进一步说明传统史书形式尚有具有

[①] 见梁启超《中国史叙论》及《三十自述》两文，均见《饮冰室合集》文集之一，中华书局1989年版。

生命力的东西值得人们吸收、改造、利用。他们虽未能实现著史的宏愿，但其达到的认识，对我们今天思考如何改进历史编纂的形式，仍然很有启发。

（五）考史方法中科学因素的发扬

近代史家中王国维、陈寅恪、陈垣以治史方法著称，分别在古史考证、中古民族文化史、宗教史和文献学上取得了很大成就。他们研史，适处在20世纪初期相继发现了殷墟甲骨、流沙汉简、敦煌写卷之后，他们极其重视利用这些新史料，与原有文献互相印证，获得了不少新说新解。他们的治史方法固然明显地受到西方近代实证史学的影响，但同时也是乾嘉考史方法在新的时代条件下的进一步发展，因此被称为"近代考据学派"[①]。

乾嘉朴学是我国传统学术在特殊条件下出现的

---

① 参见白寿彝：《中国史学史》第一册《叙篇》第三章。

五、传统文化向近代文化转变的内在动力

一次繁荣。乾嘉考史方法是历代学者长期积累的考辨史实、解释史料等经验的总结和发展。我国史学发达甚早，从司马迁就已提出"考而后信"的做法，宋代以后司马光《通鉴考异》、洪迈《容斋随笔》、王应麟《困学纪闻》，已显现出重视考证史事的风气。清初顾炎武等大学者倡导务实黜虚的学风，认为经世、通经、考订三者应相结合，直接开创了清代考证学风。

康、雍、乾时期社会经济的恢复和发展，清廷所采取的文化专制政策，则从正面和负面促使考证风气达到极盛。乾嘉学者虽有逃避现实之嫌，但这一时期他们在考证史事和文献整理上却取得广泛多样的成就，为后人研史和阅读古书扫除了障碍。所以郭沫若先生说："欲尚论古人或研讨古史，而不从事考据，或利用清儒成绩，是舍路而不由。"[①]

乾嘉学者考史的特点可以概括为：实事求是，

[①] 郭沫若：《读〈随园诗话〉札记》，作家出版社1962年版，第88页。

无微不信，广参互证，追根穷源。其论著表述的形式古朴，但他们严密考证的方法实则具有近代科学因素。当时学者考史大致遵循这样的路数：一、做到善于发现问题，"必先留心观察事物，觑出某点某点有应特别注意之价值"；二、搜集有关的各项材料加以排比分析，"凡与此事项同类者或相关系者，皆罗列比较以研究之"；三、通过对材料的分析归纳，提出初步见解；四、有了初步见解，决不就此止步，还须广引多方面证据加以验证，对问题追根穷源，力戒立论失于片面、武断。梁启超称这种方法是"精良"的、"近于科学"的方法，实在是并非过誉。①

乾嘉严密考证方法的形成，同当时学者喜谈天文历算之学又有直接关系。明末徐光启译《几何原理》、李之藻译《同文算指》，引起士大夫对自然科

---

① 参见梁启超：《清代学术概论》第九、十七节，《饮冰室合集》专集之三十四。

五、传统文化向近代文化转变的内在动力

学知识的重视。乾嘉时期，江永著有《慎修数学》八种及《推步法解》，戴震著有《勾股割圆记》、校有《算经十种》，焦循撰有《里堂算学记》，钱大昕著有《三统术衍》。这种研习数学、天文的风气对于整个学术界的影响，是训练和讲求归纳、演绎、推理的逻辑方法，增加了治学方法的科学成分。当时学者还重视用金石器物证史，如钱大昕撰有《潜研堂金石文字跋尾》《金石文字目录》等，王昶更以毕生精力辑成《金石萃编》。以上诸项原则，可以说是世代学者辛勤治学的有益经验的总结，从事研史的人，大凡不能违背这些原则，只能在此基础上加以发展。王国维即是在近代条件下对这些原则加以发扬提高的代表。他总结自己的治史方法为"二重证据法"："吾辈生于今日，幸于纸上之材料外，更得地下之新材料。由此种材料，我辈固得据以补正纸上之材料，亦得证明古书之某部分全为实录；即百家不雅驯之言，亦不无表示一面之事

实。"①其所著《殷卜辞中所见先公先王考》等名文，利用甲骨文的新材料，与《史记·殷本纪》《竹书纪年》《山海经》《世本》《楚辞·天问》《汉书·古今人表》等文献材料相印证、分析，取得了震动一时的成就。所以郭沫若称他"承继了清代乾嘉学派的遗烈"，"严格地遵守着实事求是的原则"，而成为"新史学的开山"②。陈寅恪先生以比前辈们广阔得多的眼光，将乾嘉考史广参互证的方法与西方近代学者重视的比较研究方法结合起来，在隋唐史等方面卓有建树。陈垣先生则大大推进了"类例""参证"等方法，使之系统化、条理化。

乾嘉考史方法在近代的发扬同样证明：不同时代的学术，前后存在内在的联系，对于我们这样具有悠久文明的大国，尤其是这样的。割断历史的联

---

① 王国维：《古史新证》第一章《总论》，清华大学出版社1994年版，第2页。
② 郭沫若：《历史人物·鲁迅与王国维》，人民出版社1959年版，第137页。

五、传统文化向近代文化转变的内在动力

系,或企图踢开前人的成果,都是不足取的。一种文化、一个学科,只有吸收古今中外的优秀成果,才能壮大、丰富起来。越能自觉地、有气魄地这样做,其成就也定然会越大。

六 结 语

新时代新征程为学术研究大大开阔了视野，注入了强大的动力。为了认真贯彻"马克思主义中国化之新飞跃"和"马克思主义基本原理同中国具体实践相结合、同中华优秀传统文化相结合"这一时代主题，努力探讨传统学术的精华通向唯物史观的内在逻辑和剖析典型性命题，展现中国智慧的光彩，就是题中应有之义。像这样的具有民族典型性、有深刻哲理内涵的命题，在历代哲学（包括经学）、史学、文学、艺术等领域丰富的典籍中堪称

中华优秀传统文化何以通向马克思主义

蕴玉藏珠，正等待拂尘焕彩。习近平总书记指出："要坚定文化自信，推动中华优秀传统文化创造性转化，创新性发展。"(《人民日报》2020年9月23日第2版)我们的深入考察和精心阐释，对当前理论建设定将产生显著的推动作用，使研究者和受众在以下两个方面提升思想境界和认识水平。一是坚定对马克思主义的信仰。马克思主义作为人类优秀文化遗产的直接继承者，虽然是从西方传入的，但它又完全不同于其他的舶来品。马克思主义从创立之时，就包含着能为中国人和其他东方民族自然地接受的思想品格。中华优秀传统文化与唯物史观原理相贯通，这就是马克思主义科学理论能在中国大地上扎根，并发挥指导革命和建设事业的巨大作用的深厚基础。这就是马克思主义中国化经历了三次飞跃，促使中国面貌产生巨变，并且今后仍将与时俱进，永葆其常青活力的力量源泉，也是我们坚定对马克思主义的信仰毫不动摇的根本原由。二是确

六、结　语

立文化自信，奋力推进社会主义文化建设的伟业，为灿烂的中华文明续写华章。我们要以创造性阐释和转化为指导，努力发掘古代哲人在唯物主义思想资料，辩证发展观点及其在治国理政和推动社会进步上发挥的作用，反抗压迫的精神和大同思想等重要领域的优秀遗产，展现中国精神、中国智慧、中国风格。从这些方面大力发掘和阐释优秀传统文化，对于推进马克思主义中国化和发展新时代学术文化事业，显然具有重要的理论价值和现实意义。

跋

《中华优秀传统文化何以通向马克思主义》这本小册子的撰写与出版，得力于时代脉搏的触发。其直接导因是，今年3月21日，《人民日报》学术版以超过半版的篇幅发表了我撰写的《马克思主义与中华优秀传统文化相契合的内在逻辑》一文（已由《新华文摘》第8期全文转载）。承蒙研究出版社丁波副总编的雅意，他在读到此文后当即联系我，邀我撰写如此内容的一本书，并以他多年从事出版工作的经验告诉我，此书正为当下广大读者所需要。而我在20世纪90年代以来撰著有《史学与中国文化传统》（1992年）、《史学与民族精神》（1999年）、《传统学术的精华何以通向唯物史观》（2003年）等著作和论文，在此 30 余年间我长期所思考的恰恰是这一课题，材料熟悉，对其意义和价值尤有深刻的认识，于是欣然接受这一建议。我在确定本书提纲时，曾与北京师范大学史学理论与史学史研究中心（此系教育部重点研究基地）主任杨共乐教授深入讨论过，书中"中华民族文化基因的锻造"这一论题，即是采纳其宝贵建议而设置的。本书责任编辑安玉霞同志对书稿进行了精心的编校工作，付出了很大心力。谨此向上述各位专家和朋友致以诚挚的谢忱！

作者

2022 年 5 月 15 日

于北京师范大学历史学院、史学理论与史学史研究中心